すごい差別化戦略

The Great Differentiation Strategy
by Takanori Osaki

競合他社を圧倒する「違い」のつくり方

大﨑孝徳［著］

日本実業出版社

プロローグ

いま、求められる力

本書が読者の皆さんに伝えたいメッセージは極めてシンプルです。

あらゆる業界で熾烈な低価格競争が進展するなか、競合他社と同じことを同じやり方で行なっていても儲けることはできません。

だとしたら、どうするか？　この視点のもと、本書では次の2点について注目しています。

- **「どこで、いかに競合他社との違いをつくるか？」という差別化戦略に注力する**
- **そのために、徹底的に考え抜く**

では、本書の25の事例をネタに差別化戦略について考え抜いていきましょう。

◎低価格競争はますます加速する
情報化、国際化、市場の成熟化の進展に伴う必然
デフレ・フォーエヴァー

脱デフレを志向したアベノミクスですが、確かに株価は上昇したものの、いまだ大きな成果は上がっていません。一般の商品に関しては、円安の影響で価格が上昇しているモノもありますが、多くの企業が適正な利益を確保できるような価格には程遠い状況です。また、賃金が上がっていないことが問題であるとの意見もしばしば聞こえてきます。

こうした状況を踏まえ、アベノミクスを批判される方も多くいるようですが、筆者はまったく興味がありません。なぜなら、それは市場や競争環境の変容に起因したものであり、経済政策の問題ではないと捉えているからです。

したがって、企業が簡単には利益を上げることができない**熾烈な低価格競争は、今後もまだまだ続く**と断言します。

タフな客ばかりの日本市場

高度経済成長が過ぎて久しい、言い換えれば豊かになって久しい現代の日本において、大半の消費者はすでに多くの商品を保有してしまっています。たとえば、お腹がペコペコであれば、多少まずくても、また高価格であっても食いつくのでしょうが、満たされてしまっていると、自分の好みにマッチし、なおかつ納得のいく価格の食べ物でなければ目もくれないはずです。現代の日本の消費者はまさに後者の状況であり、つまり簡単には買ってくれない**タフな消費者ばかり**なのです。しかも、人口が減少傾向にある現代の日本においては、そうした消費者さえも、その数は減ってきています。

さらに、ただでさえタフである消費者に、高度情報化社会の進展はインターネットという強力な武器を与えてしまいました。従来の購買圏は地理的に大きく制限されていましたが（通常は市内レベル、広くても都道府県内レベル）、現在では北海道から沖縄まで、場合によってはアメリカやヨーロッパなど世界全域に広がっています。しかも店員以上に商品に関する情報を多く収集することや、驚くべき数の小売店間における価格比較も、大きなコストを負担することなく、簡単にできてしまいます。

一方、売り手サイドの事情は、どのようになっているのでしょうか？　一言で言えば、競争は激化する一方です。高度経済成長が過ぎて久しい現代の日本においては、すでに多くの同業他社が存在しています。さらに、国際化の進展に伴い、海外の企業も日本市場に積極的に進出している状況です。

ライバル企業が増えてきているだけでも十分に厳しい競争環境ですが、対象とする買い手が強力な武器を自在に使いこなし、価格に対しても敏感な極めてタフな消費者であるため、低価格競争に陥ることなく、適正な利益を確保できる価格での販売が簡単に実現するはずはありません。

情報化、国際化、そして市場の成熟化が今後ますます進展してくることは間違いありません。こうした厳しい状況に企業はいかにして立ち向かえばよいのでしょうか?

◎「違い」をつくる! どこで、いかに

商品やサービスの価格設定には多くの要因が絡みますが、低価格化の主たる要因は多くの場合、競合他社との競争によるものです。ですから、競争さえ回避できれば適正な利益を確保できる価格での販売が実現するはずです。「そんなことは無理だ!」との声が多く聞こえてきそうですが、通常、競争は類似した商品やサービス間で起こる事象ですから、他社の商品やサービスと「**違い(差)**」をつくることができれば競争状態に陥ることを回避できます。

違いをつくるポイントは、「どこで」と「いかに」にあります。まず「どこで」は、市場にはない新製品・サービスの開発や既存の製品・サービスの改良など、比較的見えやすいポイントを意味しています。一方、「いかに」は、新製品に関わる製法や設備、高いレベルでのサービス提供を実現するマネジメント手法などを指します。広く捉えれば、企業理念の徹底や全社的システムなども「いかに」に該当します。革新的な新製品が市場に投入され、高価格であるにもかかわらず、大ヒットとなったものの、時おかずして、他社からの模倣品の登場により、低価格競争に巻き込まれていく——という状況はめずらしいものではありません。こうした事態を防ぐうえで「いかに」における他社との「違い」づくりは極めて重要なポイントとなるでしょう。

では、こうした差別化戦略を構築するためには、どうすればよいのでしょうか?

セオリーでは勝てない

差別化戦略の構築にあたって、まず大事な点は差別化する対象、つまり競合他社はどうなっているのかに注目することです。そのために、他社の商品、戦略などに関する情報を収集することは、もちろん重要なポイントです。また、当然のことながら、いくら革新的に差別化された商品やサービスであっても、顧客のニーズとかけ離れていては何の意味もありません。よって、顧客のニーズに関する調査を行なうことも必須でしょう。さらに、「こうした場合はこうすべきである」「こういう戦略を志向すると、こういうパターンに陥りがちである」など、いわゆるセオリーを理解することも必要です。こうした競合分析、市場調査、戦略に関するセオリーの理解などは、間違いなく一般に広く知られた、まさに常套手段であり、これらの重要性に異議を唱える人はいないはずです。

情報があふれかえる昨今、他社の動向、市場環境、そうした状況に対応したセオリーを見つけ出すことはもはや難しいことではないでしょう。「こういうパターンだから、こうすればいい!」と直ちに結論を導き、それを疑うこともなく、簡単に受け入れてしまい、立ち止まって考えることも少ないはずです。

しかしながら、ここに深刻な落とし穴が待ち受けています。一般に広く知られたセオリーは、ライバル企業も知っているわけです。また、そもそもセオリーとは誰もが正しいと考える合理的な考え方や手法であり、基本的には多くの企業において同様に成立するはずです。したがって、こうしたストーリーに沿って、そつなく事を進めても、おおむね競合他社と同質化した戦略にしか、たどり着けず、結局のところ、効果のある差別化戦略にはならないということです。ですから、本当の勝負はここからです。

「考え抜く力」を強化する

競合他社が簡単には**模倣できない差別化のポイントは、セオリーのその先**にあります。つまり、多くの人が疑うことなく受け入れてしまうセオリーに対して、そうしたパターンに単に従うのではなく、自らが主体的にすべての可能性を模索し、それらを徹底的に疑い、立ち止まって考え、またすべての可能性を模索する——というプロセスを繰り返す、つまり考え抜く必要があります。そこから、自社に見事にフィットし、かつ競合他社が簡単には模倣できないセオリーを超えた戦略を導くのです。そうした戦略のなかには、一見、セオリーには反するが、自社にとっては都合がよい、もしくは少なくとも競合他社よりはうまくやり続けることができる戦略なども含まれることでしょう。

容易にあらゆる情報収集が可能となった現代において、単にセオリーを知っていることの意味は希薄化し、逆に強く求められるようになってきていることは、**セオリーを疑う批判力、その先に到達するための粘る力、広い視野から多面的にアイデアを出す発想力、そうしたアイデアをまとめ上げる力**などであり、これらが統合されたものを一言で表現するならば、「**考え抜く力**」となるでしょう。差別化の検討を始めても、容易には正解は見つからないはずです。また思いつきのような差別化では、おおむね簡単に競合他社に模倣されてしまうことでしょう。だからこそ、「考え抜く力」を強化する必要があるのです。

「考え抜く＝悠長な時間が必要」ではありません。たとえ、わずかな時間ではあっても自分自身で深く掘り下げて考え抜くことはでき、必ず実行しなければなりません（しつこいですが、セオリーに頼る、パターンを探すなどではありません）。

本書の読み方

本書はインターネットのビジネス・サイトにおける連載をまとめ、加筆・修正を行なったものです。そうした背景もあり、ビジネス書のなかでも柔らかく読みやすいスタイルに仕上がっていると思います。また、筆者は大学の教員であるため、学生とのディスカッションや研究をもとにした事例も一部に含まれています。

内容に関しては、製造業、小売業、サービス業など幅広い業種における差別化に関連する数多くの身近な事例を集めて、各事例における核心部分を抽出して、それらを問題形式（「Key Issue」と表記しています）で提示しています。こうした問題に対して、わずかな時間（5分でも10分でも）で構いませんので、立ち止まり、しっかりと考え抜いてください。幅広い視点から、できる限り多くアイデアを挙げ、一つひとつのメリットやデメリットに思いをはせてください。また、自分がよいと思ったアイデアに対して、あえて逆のアイデアを設定し、正当化できる理由を構築していくのも自らの思考を柔軟にすることに大いに役立つことでしょう。

自身のアイデアとセオリー、またあえてセオリーの逆を肯定するように設定した筆者のアイデアなどとを比較検討し、議論を楽しむように読み進めていただけたら幸いです。

ちなみに、各事例は一つひとつ独立した読み切りのファイル形式になっています。
ですから、読者が気になる事例から目を通していただくことも大歓迎です。

２０１５年12月

大﨑孝徳

File 1

簡単には答えにたどり着けないことを覚悟し、楽しむことから始まる

Chapter1に入る前に、プロローグの締めくくりとして、大学の新入生を対象とした商品開発コンテストを題材とした事例を紹介します。本書を読み進めるにあたり、読者の皆さんが「**簡単には答えにたどり着けない**」ことを受け入れ、それを解決する糸口を楽しみながら見つけていただければ幸いです。

毎年の新入生合宿

少子化による競争激化のあおりを受け、いまや大学による学生へのサービスはかなり手厚くなっています。たとえば、筆者の大学では新入生歓迎会と称して新入生全員が1泊2日で合宿する行事が毎年春に行なわれています。

この行事には、同級生の友達づくりなど、さまざまなよい面があるものの、こういう場を大学側が用意することによって、結果として学生の主体性や創造性が削がれないかと危惧する向きもあります。これと同様に、多くの大学で実施されているキャリアセンター（就職課）における履歴書の書き方や自己PRの指導なども学生の短期的利益につながる場合もあるかもしれませんが、長期的には「いかがなものか？」と疑問を抱いています。少なくとも筆者は、行きすぎた指導は結果的に学生のためにならないと考えています。大きく言えば、日本の将来に対してマイナスになるとも感じています。

なお、筆者が勤務する大学では、この新入生合宿は有志の先輩学生によって運営されており、その運営に関して教員は完全にノータッチ、ただ監督者として同伴するだけです。何百人もの学生を動かすには大変な準備が必要となるわけですが、そうしたことを強制することなく、先輩学生が率先して「新入生のために！」と主体的に取り組んでいる点は、文句なく素晴らしいと感じています。

新しい飲料を創造せよ！

２０１５年の新入生合宿の夜ゼミでは、「新しい飲料を創造せよ！」というお題が出され、グループワークでマーケティングの４Ｐ（商品・価格・流通・プロモーション）を検討し、その後、プレゼンテーション（以下、プレゼン）が行なわれました。読者の皆さんなら、新しい飲料として、どのようなアイデアを発表しますか？

ちなみに、筆者がプレゼンの審査を担当した４つのグループが提案したのは、以下のとおりでした。

- 最後の粒まで簡単に飲める粒粒コーンスープ
- 丸ごとブルーベリーがたくさん入ったヨーグルトジュース
- 七色のジュースが混ざったレインボージュース
- 野菜プラス炭酸ジュース

運営サイドである先輩学生から、「これらを評価し、第1位を決定してほしい」との過酷な任務を与えられた筆者は（「いやあ、1位と言われても…」と）困り果て、しかしながら、どこかのグループに決めなければ場が収まりそうにはない雰囲気であったため、飲み終わった後の容器の用途などを一生懸命にPRしていた「粒粒コーンスープ」にやむなく決めました。

この企画は先輩の学生たちが考えてくれたわけで、新入生が自由に気軽に楽しくグループワークをするネタとしては悪くはありません。

しかし、テーマがあまりにも漠然としているため、戸惑うグループが出たり、個人の好き嫌いに基づく単なるアイデアコンテストのようになってしまい、新入生たちが考えて議論することを難しくしているのではないかと感じました。

条件を限定して具体的に考える

Key Issue 1
ここが論点！

では、この「新しい飲料を創造せよ！」というお題にいかなる条件を加えれば、新入生たちがもっと考えて、議論が活発化するようになるでしょうか？

学生たちの取り組む姿を見ながら筆者は、そのことを終始考えていました。

結果、「とりあえず『主体』を決める」のがよいと考え、結果発表後の講評時間に、学生たちに向けて以下のような要旨の話をしました。

「もし今回のお題に『主体』がつけられていたら、つまり特定の会社における商品開発であったとしたら、皆さんはどのように考えたでしょうか。飲料メーカーといえども、日本コカ・コーラやサントリーホールディングスのような大手から、地域に特化して牛乳やソーダ水をつくっている中小メーカーまでさまざまな企業があり、どのような企業であるかによって戦略がまったく違ってきます。大手企業なら豊富な資金を用いた大々的な宣伝、全国に広がる流通網を生かした商品展開が可能ですが、中小企業の場合はそういうわけにいきません。

一般的に行なわれる手法は、まずSWOT（自社の強み／Strengths、弱み／Weaknesses、自社を取り巻く環境にある機会／Opportunities、脅威／Threats）で対象となる企業を分析し、大まかな戦略の枠組みを固めます。そのうえで、STP（セグメンテーション／Segmentation、ターゲティング／Targeting、ポジショニング／Positioning）、つまり市場を分類し、ターゲットとする顧客層を特定し、どういうポジションを確立するかを決定します。その後、今回行なったような具体的な4P（商品・価格・流通・プロモーション）を検討するという流れがお手本のようなパターンです。

しかしながら、これをやりさえすれば必ず正解にたどり着くというものではありません。たとえば、大手企業の場合、大きく捉えればSWOTにおいて類似した要因が抽出されるでしょうから、結果として競合他社と似たような商品になってしまうわけです。もちろん、こうした手法を身につけることは大切ですが、その活用方法はさまざまです。徹底的に奥深くやり抜く、可能な限り幅広く捉える、枠組み自体を自社に合わせて修正、または知っていてもあえてまったく利用しないといったことも有効かもしれません。このように簡単には答えにたどり着けないことを、まずしっかりと覚悟して諦めずに視点を変えたり、切り口を変えたりするなどして試行錯誤を繰り返しながら掘り下げて、『考え抜く力』を養っていってください。できれば4年後、こうしたことが楽しくてたまらないとなって、卒業してくれればと思います。」

本書のテーマである差別化は経営に関わる戦略の中でも極めて困難な課題です。もちろん、打ち上げ花火のように瞬間的ヒットでよいならまだしも（それでもなかなかの難問でしょうが）、長期にわたり競合他社が模倣できない戦略でなければ意味がないわけです。こうした難題の解が簡単に見つかるはずはありませんが、その分、すごい差別化戦略にたどり着いたときの喜びは何事にも代え難いものでしょう。

CONTENTS

すごい差別化戦略

競合他社を圧倒する「違い」のつくり方

Chapter 1

あの会社の圧倒的な強さの謎

Chapter 2

セオリーに反する一見、非常識な行動がすごい効果を生む

Chapter 3 勝ち戦は続かない——差別化のジレンマ

Chapter 4 「差別化」思考を強化する仕組みづくり

※本書に記載されている社名、ブランド名、商品名、サービス名などは各社の商標または登録商標です。本文中に©、®、TMは明記していません。
※本書は2015年11月現在の情報をもとに執筆していますので、各社の商品・サービスなどが変更されている可能性があります。
※本書はサイゾー社運営の情報サイト『Business Journal』の連載記事「なにが正しいのやら？」を加筆・修正のうえ、編纂しています。

装丁／竹内雄二　　本文ＤＴＰ／一企画

Chapter 1

あの会社の圧倒的な強さの謎

File2

セブン-イレブンの鈴木敏文会長が自ら新商品を試食する真の理由

どのコンビニエンスストア（以下、コンビニ）でも、最近ではオリジナルのドーナツが売り出されるようになり、まさにドーナツ戦争と言える状態です。しかし、皆さんは商品だけを見て、どれがどこのドーナツか区別できるでしょうか？

どのドーナツも、恐ろしいほどに同質化しており、その源は確実にミスタードーナツにあります。『オールドファッション』のような一般的な商品はともかく、『ポン・デ・リング』などはミスタードーナツの商品開発の賜物ですから、類似商品の開発は遠慮してあげてほしいと個人的には思いますが、生き馬の目を抜くビジネスの世界では、そんな悠長なことは言っていられないのでしょう。

このコンビニのドーナツ戦争に火をつけたのは、セブン-イレブン（以下、セブン）

です。セブンの後を追うように、他のコンビニも続々と本格的にドーナツ販売に参入しました。こうした状況を見ると、セブンおよびセブン&アイ・ホールディングスの鈴木敏文会長のすごさを改めて感じる次第です。

リーダー企業のお決まり戦略「マネをする」

一般的に、リーダー企業は保守的な戦略を採用しがちです。なぜなら、業界第2～3位のチャレンジャー企業やフォロワー企業などに比べて、先行するメリットが少ないからです。

たとえば、家電業界では、かつてパナソニック（旧松下電器産業）がソニーの戦略の後を追い、「マネシタ電器」と揶揄されました。自動車業界でも、アメリカでの現地生産、高級ブランドの立ち上げなど、トヨタはホンダを追随していました。

このように、リーダー企業が先行することが少ないのは、なぜでしょうか？

スケールメリットとも呼ばれる「**規模の経済**」は通常、売上高の最も大きなリーダー企業に有利に作用します。そのため、チャレンジャー企業やフォロワー企業がリーダー企業と**同質の競争**を行なっても勝つことは難しくなります。

その結果、チャレンジャー企業はリーダー企業との差別化を狙い、積極的に新たな取り組みに挑戦していきます。通常、リーダー企業はより豊富な資金や人材、研究開発、生産、営業体制を持っているため、先行されても後から挽回可能であり、リスクの高い新規事業に打って出るメリットは小さいのです。

また、競合他社による新規事業の取り組みは、リーダー企業にとって、お金のかからない、極めてリアルなマーケティングリサーチとして活用が可能となるという捉え方もできます。

リーダー企業なのに、新たな取り組みに積極的なセブン

こうしたセオリーに従えば、コンビニのリーダー企業であるセブンもローソンやフ

ァミリーマートの後を追うことになるはずですが、今回取り上げたドーナツに限らず、新たな取り組みへの積極的な挑戦、そして成功が目立っています。

たとえば、セブン自らが企画するプライベートブランド（ＰＢ）にもかかわらず、高価格で高機能を訴求する『セブンゴールド』では『金の食パン』が大ヒットしています。

『金の食パン』は、２０１３年の発売当時、1斤6枚入りで２５０円、ハーフ厚切り2枚入りで１２５円と、他のＰＢ商品と比較して実に約2倍、一般のナショナルブランド（ＮＢ）商品よりも高価格でしたが、発売から5カ月足らずで累計販売数量が１５００万食に達するという大フィーバーを巻き起こしました。

この『金の食パン』の開発に際して、セブンは製パンメーカーはもちろん、製粉メーカーをも巻き込んで長期にわたる調査・検討を行なっています。

Key Issue 2
ここが論点！

なぜセブンは、こうした競合他社とは異なる新しい取り組みを他社に先駆けて実行できるのでしょうか？

鈴木会長の存在感

その要因のひとつとして、筆者は鈴木敏文会長の存在に注目しています。鈴木会長のコメントやエピソードは実に理にかなっていることが多く、リーダーにおける**覚悟の重要性**などは大変勉強になります。

詳しくは『セブンプレミアム進化論　なぜ安売りしなくても売れるのか』（朝日新聞出版／緒方知行、田口香世）などをご覧いただくとして、たとえば高付加価値ＰＢである『セブンゴールド』に関して、鈴木会長は以下のような考えで着手しました。

「どこも価値訴求に重きを置いたＰＢを出していないときに、あえて我々はこれをやろうと考え、取り組んできました。また歴史的に見ても、ＰＢは安く売るためということで出てきたのは事実だとしても、そのときとは時代がもう違っていると考えたわけです」

「私は持論として、『量を追いかけても、なんの意味もない』『量は決して質を凌駕できない』『逆に質の追求の結果として、量はついてくるので、質を追求する』ということを厳しく言い続けてきました」

実際に鈴木会長がメーカーと交渉した際には「全部引き受けるから最高の品質のものをつくってください。価格は気にしなくていい」と切り出し、相手のメーカー側は「どこにいっても、価格のことばかり言われるのに」と大変驚いたというエピソードが残っています。

また、これは高付加価値PBに限定した話ではありませんが、食品の新製品開発において、最後は鈴木会長の試食で決定するというシーンをテレビ番組などで見るたびに、「嘘くさい！　顧客志向はどこにいった？」と筆者は不満を持っていたのですが、皆さんはどう思われますか？

筆者は以下のような鈴木会長のコメントを拝見し、恥ずかしくなった次第です。

「私の味覚が優れているから合否を決めるために試食をやっているのではない。トップ自らが試食を繰り返しやっているということで、商品の品質の向上を重視しているという姿勢が示され、絶対にいいかげんなことは許されないという緊張感がそこに生まれてくる。これが大事なことです」

「リーダーとしての私の仕事は、幹部や社員の仕事を、どうマンネリ化させないかということについて、真剣に取り組んでいくこと」

鈴木会長のリーダーシップやマネジメントに競合他社の追随を許さないセブンの優位性があるのは明らかです。とはいえ、コンビニにおけるドーナツ販売で、セブンは先陣を切ったものの、競合他社に追随され、現在は各社横並びの同質化した競争が展開されています。しかしながら、上記のとおり、先行することを恐れないリーダー企業であるセブンならば、今後『セブンゴールド』でのドーナツ展開など、必ずや競合他社と一線を画した新機軸を打ち出してくるでしょう。

File3

トヨタ・ブランドとの徹底した分離で高級車市場を開拓したレクサス

トヨタ自動車（以下、トヨタ）による高級自動車事業であるレクサスは、世界に先駆けてアメリカで1989年に発売され、日本市場には2005年に投入されています。その後、両市場において高級自動車ブランドとして確固たる地位を築いています。

「豊富な資金力を有するトヨタなら、新たな高級自動車事業を成功させることは難しくない」と考える方も多いかもしれませんが、高級自動車市場には独ダイムラーのメルセデス・ベンツや独BMWなどが長きにわたって君臨していたため、大衆車市場以上に新参者が受け入れられにくい土壌がありました。

Key Issue 3
ここが論点！

参入困難な高級自動車市場でレクサスがブランドを確立できた差別化要因として、どのようなポイントを指摘できますか？

品質からブランドをつくり込む

レクサスの徹底したこだわり、その源をたどってみましょう。

1989年にアメリカ市場に投入された初代『LS（セルシオ）』は、「日本車の概念を変えた」と言われるほど、センセーショナルなデビューを飾りました。このときのプロジェクトは完全なるトップダウンで、トヨタ中興の祖である豊田英二氏（当時のトヨタ会長）の「ベンツやBMWを超える世界最高車をつくれ」との檄から開発が始まり、「日本市場を無視せよ」との声を反映し、ベンツを徹底的にベンチマーク（基準）とした開発が行なわれています。『マルF』プロジェクト（Fはフラッグシップ）と呼ばれたLS開発計画はトヨタのなかでも異例の扱いを受け、また豊田氏は原則として開発陣が使う資金を制限しませんでした。

レクサスの担当スタッフは当時を振り返り、「(上司から非常に高い基準を与えられ)『金はオレがいくらでも用意してくるから、とにかくやれ』『とにかく、いいクルマを出さなければこのプロジェクトはなくなる』『いいものができるまで出さない』と社長や会長に言われて、何度もクレイモデル(粘土による立体イメージ造型)を見せ、何度もつくり直しました」と語っています。このように、LSの開発は全社挙げてのプロジェクトで、とにかく「いままでにないクルマをつくる」という覚悟で取り組まれています。

また、トヨタ車をつくっていたスタッフ(技術者やデザイナーなど)が急に高級車を開発できるのかとの声に対して、「難しいことではありません。レクサスを開発するにあたっては、数値で目標を設定すればいいのです。客観的な基準を定めて、それをクリアできるように努めればいい」と担当の専務が反論していることは、大変興味深いポイントです。

なぜなら、一般に高級車には長い歴史や伝統、高級なブランドイメージが重要であるとよく言われ、そのために広告などに注力しようとする傾向が強いわけですが、まず品質を第一として目標を数値に落とし込み、その数値基準を満たすように、しっかりとつくり込んでいった、つまり**徹底した機能的価値の追求**を行なったという事実を表しているからです。

あえてトヨタ・ブランドと分離させた理由

次に、徹底した品質へのこだわりを支える取り組み体制にも注目していきましょう。

トヨタは『レクサス』を事業ブランドとして明確に打ち立て、トヨタ・ブランドと分離させています。開発陣はトヨタの開発センターと分かれ、レクサスセンターとして別組織化され、事業収益も別建てとなっています。この点に関してレクサスの担当スタッフは、「つくり手としてレクサスとトヨタのあいまいな境界線をリセットし、両者を乖離させる。経営効率上、両社は絶対分けないほうがよい。だが、われわれはあえて逆の山を登る」とコメントしており、**コストよりもこだわりを追求できる体制づくり**を優先させたことがわかります。

レクサスセンターには新車開発のためにトヨタ中のエキスパートが集結し、千数百人もの独立部隊となっていました。トヨタでは通常、ボディ設計やシャシー設計など機能別にフロアや机の島が分かれていますが、レクサスセンターは完全なる大部屋制で、以前の本田技研工業のような「**ワイガヤ**」の雰囲気となっており、トヨタ車の開発とはまったく別次元でこだわりを追求できる体制が整えられました。

桁違いに徹底したサービス・販売体制

こだわりの商品を販売するための店舗として、2000億円を投じて超豪華なショールームを一気に143店も新設しています。レクサスの1店舗当たりの建築費は約7億円で、トヨタ販売店の建築費約3億円の2倍以上になっています。さらに、実際のサービスを提供するスタッフの研修も徹底しています。開業時の人員は、セールスコンサルタントが約1000名、テクニカルスタッフが約600名となっており、その他のスタッフを含めると、2000名にも及んでいました。

これらのスタッフが「最高のおもてなし」を顧客に提供できるように、さまざまな研修が行なわれています。そのための特別な研修施設として、富士レクサスカレッジが2005年3月に設立されました。研修内容については、座学にとどまらない「実体験に基づく理解」を研修の基本とし、具体的にはチーフエンジニア、デザイナーなどと直接意見交換ができる研修、さらには富士スピードウェイ内に研修施設を開設しているメリットを生かし、本コースや安全研修施設モビリタで走行性能を体感できる研修などを実施しています。

とりわけ、研修においてはスタッフ全員が「レクサスブランドが顧客に提供する価値」をしっかりと理解し、そのうえで自らが考えて行動できるようになることが重視されています。そのために、ベンツやBMWなどの競合ブランドの車に乗ったことがないスタッフも多かったため、富士スピードウェイを借り切って、時速150㎞での運転などを含むレクサスと競合ブランド車との比較試乗を行ない、それぞれの乗り心地を実感させて、レクサスという商品の強み（競合商品との差別化ポイント）を理解させるという試みも行なわれています。富士レクサスカレッジの責任者は「ライバル車を知らなければ、高速運転でも静かなレクサスのよさを実感できないから。販売員が実際に体験すれば、セールストークの説得力が増すでしょう」とのコメントを残しています。

トヨタは、一般にはコストにとても厳しい企業として有名です。しかしながら、必要であることには資金を惜しまず投入し、桁違いの取り組みが行なわれていることがレクサスの事例から窺えます。

レクサスの成功は、単なるトヨタからの新製品というレベルの扱いではなく、トヨタ・ブランドとは分離させ、徹底した開発および販売体制の構築に基づいた、競合他社との「すごい差別化」によると言えるでしょう。

「あるべき姿」の追求

こうしたレクサスの差別化戦略は「豊富な資金を持つトヨタだからできるんだ！」との意見もあろうかと思います。しかしながら、トヨタがレクサスに取り組んだ背景には「品質のよい車をつくり続ける」だけでは、将来、中国をはじめとする新興メーカーに追い越されてしまうという危機感がありました。家電をはじめ、日本の閉塞感が漂う業界はまさにこうした状態に陥ってしまっているのではないでしょうか。
「自社でできそうなことに全力を尽くす」のではなく、「競合他社との明確な違いをつくるために取り組まなければならないことを実行する」という視点での差別化戦略がコスト優位性に乏しい日本企業にとって極めて重要であると言えるでしょう。

まず資金の問題ありきではなく、**「あるべき姿」を明確化**し、それをしっかりと具現化する戦略を打ち立て、その後で必要な資金は何が何でも調達するという気概が、いま強く求められています。

File4

ハーゲンダッツの人気の秘密は企業理念「至福の瞬間」にある

おいしすぎるハーゲンダッツ

最近でこそ、さまざまな高級アイスクリームが市場に投入されていますが、ハーゲンダッツをはじめて食べたときのおいしさに驚かれた方も多いのではないでしょうか。もう30年も昔のことですが、大阪出身の筆者が受験での上京にもかかわらず、まず出かけて行ったところは東京・青山のハーゲンダッツショップでした。当時はコンビニでの販売はまだ行なわれておらず、大阪で食べる術はありませんでした。

ハーゲンダッツは、一般のアイスクリームと比較して高価格であるにもかかわらず、順調な販売を長く維持していますが、それは「ハーゲンダッツはおいしい」という他社商品との「違い」を多くの消費者が認知し続けているからです。

Key Issue 4
ここが論点！

では、ハーゲンダッツのおいしさの秘密はどこにあるのでしょうか？
なぜ、それを競合他社はマネできないのでしょうか？

こだわり抜いた原材料

◎良質なミルク

どのアイスクリーム・メーカーも主たる原料であるミルク（牛乳）に対して、こだわるのは当然のことです。しかしながら、ハーゲンダッツは乳牛の健康管理はもちろんのこと、主食となる牧草の成分分析を行なうとともに、さらには乳牛にとって理想的な牧草が育つために土壌のpH値までも厳しく管理された土地で育った乳牛のミルクを使用するという徹底ぶりです。

◎世界中から厳選した素材

さらに風味を決める副原料にも徹底的にこだわっています。たとえば、イチゴは3年もの歳月をかけて探し出した、味わい、香り、色合いとも最もハーゲンダッツアイスクリームと相性のよい品種が選定されています。また、抹茶はハーゲンダッツ専用にブレンドされており、石臼で丁寧に挽いているため薫り高いものとなっています。

◎「キッチン・フレンドリー」な素材

ハーゲンダッツのアイスクリームはミルク、砂糖、卵が主原料となっており、これらにアイスクリームの風味を決めるフルーツやナッツ、チョコレートなどが副原料として加わっています。こうした家庭のキッチンにあるような食材を使うことをハーゲンダッツでは「キッチン・フレンドリー」と呼んでいます。合成添加物を使用せず、キッチン・フレンドリーな原材料を選んでアイスクリームをつくる理由は、素材のおいしさを消費者にそのまま伝えるためです。こうしたコンセプトは健康を気遣う現代人のニーズにもぴったりマッチしていると言えるでしょう。

筆者はこれまで、こだわりの原料などは他社が簡単に模倣できるため、差別化における有効な施策ではないと考えていました。しかし、こうしたハーゲンダッツの徹底ぶりを見ると、**原料においても徹底すれば差別化要因になり得る**と感心した次第です。

消費者の喜びと感動がテーマ

ハーゲンダッツでは、いままで体験したことのない感動を消費者に提供できる味わいに仕上げるため、商品のコンセプトから始まり、素材選び、配合の方法などにこだわり抜き、ひとつの商品を発売するまでにつくられるサンプル数は膨大な量になっています。フルーツを使用する商品なら、世界中からそのフルーツのサンプルを取り寄せ、目ぼしい素材が見つかれば、たとえ海外であってもその農場まで買い付けに出向いていています。また、使用する品種が決まってからも、果汁の割合、果肉の大きさなどを変えたサンプルを納得いくまで試作する取り組みも行なわれています。ちなみに、『グリーンティー』『クリスピーサンド』などの開発に要した時間は5年以上にも及んでいます。

ハーゲンダッツでは新製品を出した後に、あまり売れないから販売中止にする、あるいは味を調整し直すといったことはしません。同社では「ゴールドスタンダード」という言葉（方針基準）のもと、常に最高の味を目指しており、10人の消費者のうち6〜7人が満足する程度では発売に踏み切ることはなく、その基準は他社よりかなり高く設定されています。

万全なコンディション管理

◎低く抑えた空気含有率

アイスクリームのきめ細かく、クリーミーでなめらかな舌触りはアイスクリームの中に含まれている空気の量と大きな関係があります。アイスクリームは空気の量が多くなればなるほど密度は低くなり、濃厚な味わいが失われてしまいます。ハーゲンダッツでは、この空気含有率を約20%と低く抑え、アイスクリームの密度を高めることで、ずっしりと重く濃厚でクリーミーなアイスクリームに仕上げています。

◎おいしさを追求する低温管理

アイスクリームの中には、アイスクリスタルという目に見えない氷の結晶が含まれています。温度が上昇すると結晶は大きくなってしまい、なめらかな食感が失われ、ざらざらとした食感になります。ハーゲンダッツのアイスクリームは乳化剤や安定剤を使用していないため、温度変化の影響を受けやすいのです。そのため、倉庫管理時は摂氏マイナス25度以下、輸送時はマイナス20度以下と定め、低温管理を徹底しています。また専用の顕微鏡でサンプルのアイスクリスタルの大きさをチェックするとともに、上記低温管理のためにパッケージや梱包形態も工夫しています。

しかしながら、いかにハーゲンダッツが徹底した低温管理を行なったとしても、消費者への販売窓口となる小売店にいい加減な管理をされてしまっては元も子もありません。よって、ハーゲンダッツは定期的に店舗を回り、保存状態をチェックし、必要に応じて改善要求を行なっています。このように一連のプロセスにおいて、徹底した品質管理の取り組みが実現しているわけです。

価値ある理念「ハーゲンダッツ・モーメント」を貫く

ハーゲンダッツにおいて、このように全社的に徹底した取り組みが実現している背景には、どのようなものがあるのでしょうか。筆者は「**ハーゲンダッツ・モーメント（至福の瞬間）**」に代表される企業理念に注目しています。

ハーゲンダッツでは、「誰もがおいしいと感じることのできるアイスクリームは、本物の素材からしか生まれない」との認識が全社的レベルで浸透しており、栄養学的にも優れ、子供から大人まで安心して食することができる商品を提供するために、コストや生産性を考えれば**合理的とは言えない部分があっても**、徹底的にこだわっていくと宣言しています。こうした時間も手間もかかるアイスクリームづくりにより、ハーゲンダッツという商品に、競合他社の商品に代替されることのない「**絶対的な機能的価値**」を与えています。

上記のさまざまな取り組みは、ハーゲンダッツの核となる理念とも言えるハーゲンダッツ・モーメントを源泉としています。それは、食べたときにハーゲンダッツでしか味わえない「至福の瞬間」を消費者に届けることを意味しています。ハーゲンダッツ・モーメントを基礎として、商品企画から資材調達、生産、物流、販売、そして消費者の口に入るまでビジネスプロセスがしっかり設計されています。とりわけアイスクリームにおいては、製品の特性上、常に安定した品質を消費者に届けるために、工場から出荷されたら終わりという中途半端な品質管理ではなく、こうした顧客接点に至るまで、細心の注意を払う必要があるわけです。

こうした価値ある理念の創造および具現化するための徹底した組織的な取り組みは、アイスクリームという商品の枠を越え、競合他社との差別化を志向する多くの企業にとって参考になるのではないでしょうか。

File 5

『ザ・プレミアム・モルツ』の大ヒットを支える「やってみなはれ」のＤＮＡ

長きにわたり、日本のプレミアム・ビールと言えば、サッポロビールの『ヱビス』というのがお決まりでした。ビール業界の王者であるアサヒビールやキリンビールからも、さまざまなプレミアム・ビールが投入されてきたものの、まったく歯が立たなかったわけです。

しかしながら、２００５年にサントリーより市場に投入された『ザ・プレミアム・モルツ』（以下、プレモル）は08年にヱビスを抜き去り、プレミアム・ビール市場でトップに立ちました。

Key Issue 5
ここが論点！

プレモルの成功要因について、どのような差別化ポイントがあり、それをサントリーはいかにして実現したのでしょうか？

素材、製法、生産へのこだわり

プレモルの素材に関して、ホップは香り高い風味を実現するために苦みの少ないアロマホップを使用し、香りづけにはファインアロマと呼ばれる最高クラスのホップのなかから、さらに厳選を重ねています。また、麦芽は豊かな味わいと爽快な後味となるビールに仕上げるのに一番適した二条大麦のなかでも、でんぷんを多く含む、粒が大きいものを選択しています。

製法に関しては、研究開始から約10年もの歳月を費やし、2～3回に分けてホップを追い足すように投入する「アロマリッチホッピング製法」にたどり着いています。さらに、仕込みの工程においても、通常なら1回しか温度を上げないところを、2回にわたって温度を上げる「ダブルデコクション」を採用し、しっかりと濃厚な麦汁をつくり出すことに成功しています。

生産に関しても、担当スタッフは「コスト重視で高効率を目指すような時代にありながら、プレモルはまったく反対に手間暇をかけ、その結果として、おいしいビールに仕上げています」と述べています。たとえば、缶は外観に傷がつかないように製造ラインのベルトコンベアを通常より遅くし、また、できあがったプレモルは一本一本、容量・外観検査を機械と目視で行なった後、箱詰め機に送るという徹底ぶりです。

こうした取り組みにより、2005年度のモンドセレクションのビール部門で日本初の最高金賞を受賞しています。モンドセレクションは優秀品質の国際評価機関としてベルギーの首都ブリュッセルに1961年に設立された団体です。出品に対する受賞割合の高さや、豆腐など欧州の食文化とはなんら関係がない食品も審査対象としている点で、信ぴょう性に関して疑問も残りますが、モンドセレクション最高金賞受賞の宣伝効果は大きく、その後、飛躍的に売り上げが向上しています。

社員を「本気」にさせたトップの決断

このように、こだわり抜いたプレモルの開発までの道のりを見ていきましょう。

宣伝や営業力に定評があるサントリーのビール事業が長らく黒字化できなかった理由について、佐治信忠前社長（現会長）は「消費者にうまいと思ってもらえるものをつくれなかった。サントリーは、それを学ぶのに45年かかった」と語っています。

サントリーは1963年、『キリンラガー』全盛で苦味をしっかり感じるビールが主流であった当時の市場に、同社の2代目社長である佐治敬三氏が惚れ込んだ軽い味わいのビール『純生』で参入しています。市場での主流商品とのあまりの違いに消費者は「味が薄い」と拒否反応を示し、さらには「ウイスキーくさい」という中傷まで出る始末でした。**消費者不在の単なるつくり手の独りよがりのような商品**になっていたわけです。

その後、1986年になり、ようやく麦芽100％でコクのある『モルツ』が発売されています。「それまで、『我々がつくったものは絶対にうまい。それをわからんほうが悪い』という、少し驕ったところがあった。佐治敬三のそうした哲学を社内で打ち壊すことができなかった。それを壊すのは直系である息子の役目」と信忠氏が考え、実行したわけです。

1989年、当時副社長であった信忠氏は武蔵野工場内に通常の20分の1規模のミニブルワリー（小規模の醸造所）を建設し、ビールの商品開発と生産チームに「うまいビールをつくれ」という指示を出しました。その指示は、研究室ではなく量産移行が可能な本格的な施設で、それまで温めていた質の高いビールをつくり、ノウハウを積み重ねろ、という意味です。また、ミニブルワリーを建設した背景には、当時の日本の既存工場は1回の仕込み量が大きく、製造後の販売可能数量を考えると個性的なビールを製造することは難しく、当時のヨーロッパではすでに存在していた小規模生産を行なえる施設が必要だったという事情もありました。

このようにトップである信忠氏の決断のもと、ミニブルワリーまで建設して取り組むという大きなプロジェクトが立ち上がりました。リーダーシップに関連して、信忠氏は「新しいことに取り組むときには、必ず反対がある。とにかく前向きに指示を出していく。有無を言わせないリーダーシップをとらないと新しいものは世に出せません。『これがこうなって、これだけの利益を生む』なんていう細かい話よりも、我々が新しいサントリーグループをつくるんだという熱気を社内にたぎらせる。その機関車役ですわ」と自身の役割に関して言及しています。

こうしたトップの強烈なリーダーシップにより、プレモルのプロジェクトは進行していったわけです。ここまで環境を整えられると、担当する技術者たちにも「中途半端なものはつくれない」という**覚悟**が生まれ、彼らを「**本気**」にさせたのではないでしょうか。

サントリーお得意のマーケティングで売り込む

いい商品さえできれば、広告展開をはじめとするマーケティングはサントリーのお家芸です。プレモル発売当初の広告にはロック歌手の矢沢永吉氏（以下、敬称略）を起用し、「最高金賞のビールで最高の週末を。」というテレビCMは多くの方の記憶に残っているのでないでしょうか。

矢沢永吉の起用については、ロックスターとして長年にわたり第一線で活躍し、華やかな魅力あふれるイメージが最適であるとの判断により決定されたようです。普段はステージなどオンのイメージの強い矢沢永吉が週末というオフを演じることで、プレモルを楽しむちょっと贅沢な週末という商品コンセプトを効果的に訴求しています。

また、矢沢永吉というキャラクターの選択はもちろん「永ちゃん」というネームバリューが通じる年代、つまり当時の30代後半から上の層を意識してのことです。この層が当初の主たるターゲットであったことに加え、飲食店への営業においても同年齢層と重なる場合が多い店主や料理長からも「矢沢永吉のCMでしょ」と好意的に受け入れられました。

加えて、通常の価格帯より高めのプレミアムカテゴリーは衝動買いが少ない代わりに、一旦飲まれるようになれば定常化するチャンスがある商品であり、インストアプロモーションにより店頭フェイスを広げることが特に重視されました。そのために、小売店に対して、『ヱビス』など他社商品も含む、プレミアム・ビール・コーナーの設置を提案し、その真ん中にはプレモルを大きく置いてもらうという営業活動が積極的に行なわれました。

大胆な集中投資というリスクが全社的な覚悟を生む

さらに、プレモルのマーケティングには、大きな資金が集中的に投入されています。担当スタッフは次のように語っています。

「ビール類の予算の大半はプレモルに、ダイナミックに投入しました。同質的な競争をしていては、絶対トップメーカーには勝てないという意識がありました。ヱビスビールが20年間でやったところを2〜3年で達成するためには、大きなマーケティングコストも必然だったと思っています。ある意味では、オーナーシップの会社だからできた意思決定だとも言えますが、その投入コストに対するリスクは全社員が背負うんだという自覚も生まれてきました。それだけの商品としてみんなが一緒にプレモルを育てようという意識を持てたのが、インナーの要素として大きいかもしれません」

プレモルの成功に関して、もちろん商品の味や香り、インパクトのある広告展開などによって他のビールとうまく差別化が図れた点は、消費者の購買行動に大きな影響を与えていることでしょう。

しかしながら、これらの差別化ポイントは単に各部署や担当者のセンスがよかったというレベルではなく、**トップの強いリーダーシップに全社員が鼓舞され、組織的な強い力が創造された結果**であると捉えるべきです。

さらに、こうした極めて挑戦的な全社的取り組みが円滑に実現したバックボーンとして、創業者・鳥井信治郎氏の「やってみなはれ」という言葉がいまもしっかりと社内に生きづいていることは間違いないでしょう。

File6

壮大な旅客機ビジネスの勝者、ボーイング競合他社が模倣できない障壁

三菱重工業傘下の三菱航空機が中心となり開発が進む、国産初の小型ジェット旅客機『ＭＲＪ（三菱リージョナルジェット）』の初飛行が、２０１５年11月11日、無事に行なわれました。航空機ファンならずとも、２０１８年に予定されている日本初となるジェット旅客機の運航を楽しみにしている人も多いのではないでしょうか。

旅客機は多くの人に夢や希望を与える存在であると同時に、当然のことながら多額の開発費を回収し、その後、大きな利益をもたらす商品にならなければなりません。

では、一般の人間にはまったくなじみのない、旅客機ビジネスの世界とは、どのようなものなのでしょうか。

2015年8月にアメリカで、学生とともにボーイングのスタッフから、旅客機のビジネスやマーケティングに関するプレゼンテーション（以下、プレゼン）を聞く機会があったので、その概要を紹介したいと思います。

Key Issue 6
ここが論点！

旅客機ビジネスにおける重要なポイント、競合他社にはないボーイングの強さの秘密とは、どのようなものでしょうか？

MRJは小型旅客機のため、当面のライバルは同モデルを主力商品とするカナダのボンバルディアやブラジルのエンブラエルです。しかし、旅客機ビジネスという大きな枠組みで捉えれば、大型旅客機を主力とするボーイングが展開するビジネスやマーケティングからも多くのことを学べるはずです。

ボーイングの「Working together」精神

今回お世話になったボーイングのアジア事業を統括するマネージャーのプレゼンは、現在、同社の職場でキーワードとなっている「Working together」という言葉で始まりました。直訳すると「ともに働く」、多少意訳すれば「みんなで、がんばろう」といった意味になると思いますが、マネージャーはこの言葉を大変気に入っています。

当たり前ですが、ボーイングは航空機のメーカーなので、ほとんどの従業員は飛行機好きで、みんなで同じ夢を共有できる雰囲気が社内に満ちあふれており、これこそがボーイングにとって大きな強みであると語っていました。

確かに、航空機はいつの時代も世間の憧れの対象になる存在であり、そういう憧れの製品をつくる会社にモチベーションの高いスタッフが集まるのはごく自然なことと言えるでしょう。

プレゼンの次の話題は、テレビショッピングのような展開を見せました。まず、一世を風靡したボーイング747（ジャンボジェット）のスライドが提示され、「皆さん、いくらだと思いますか?」「約400億円です」「ただし、エンジンや座席は別料金となります」「でも、大幅割引があります」「タイミングがよければ、半額にディスカウントすることも夢ではありません！」と続いたのです。

筆者も学生も、紹介された金額の大きさに圧倒されると同時に、テレビショッピングのような軽いトーンで話がテンポよく進んでいくため、大変盛り上がりました。ちなみに、エンジンは747に限らず、ほとんどの機種において機体を購入する航空会社がロールス・ロイスほか2社から選ぶ仕組みになっています。

エアバスとの戦い

ボーイングの弱みに関しては、「開発をはじめ、すべての意思決定のスピードが遅い」ということが挙げられました。創業から100年を経過した同社の従業員数は20万人に迫っており、日本でいう大企業病のような状況に陥っています。

具体的には、「テスラモーターズやスペースXを率いるイーロン・マスクのような強いリーダーシップを持った人物が不在で、日本の自動車メーカーのような生産性もない」と、マネージャーは語っていました。

さらに、「確かに、旅客機は多くの人の命を預かる特殊な商品であり、安全性が強く求められるため、意思決定に時間がかかるのは仕方がない面もあるが、それでもなんとかしなければいけない」と、この点を強く問題視していました。

また、ライバルとの対比についても聞くことができました。「これまでは小型旅客機に重点を置いてきたボンバルディアが大型機に着手し、近い将来、中国の航空機メーカーも勢力を拡大してくる」といった前置きをした後、最大のライバルであるヨーロッパの国際協同会社・エアバスの話になりました。

30～40年前、ボーイングの国際シェアは70%ほどでダントツのトップシェアを誇っていましたが、近年ではエアバスに並ばれています。ボーイングは高い技術力を保持しているものの、エアバスよりもマーケティング力が弱いことがエアバスに追いつかれた要因です。

ボーイングのマネージャーは、「航空機の開発には通常10年を要するため、10年先の市場の状況を推察しなければならないが、エアバスはそうした力＝マーケティング力が長けている」という認識でした。

また、新興国などへの旅客機の売り込みには各国政府に対する外交など政治力も重要となります。もちろんボーイングにもアメリカの後押しがありますが、イギリス、フランス、ドイツ、スペインというEU加盟4カ国が後押しするエアバスには有利な点が多いのです。

さらにヨーロッパと言えば、なんとなくエレガントで、あまりガツガツしていないイメージがありますが、エアバスはアグレッシブで、伝統のある大手航空会社より新興の航空会社に売ったほうが、営業担当者の評価が高まるシステムになっています。

「そう言えば、残念ながら経営破綻に陥ってしまったスカイマークに機体を納入することになっていたのは、確かエアバスだったなぁ」と、筆者は妙に納得してしまいました。

他社にはないボーイングの強みとは?

ボーイングの強みに関しては、夢を共有できる雰囲気、アメリカという大国の後押し、技術力に加え、「型式証明」を取得する能力が挙げられます。型式証明とは、新たにつくられた航空機の型式の設計が、安全性や環境適合性の基準を満たしていることを証明するものです。

その安全性や環境適合性などの基準は国ごとに決められ、またその基準に細かな記載がないため、基準をクリアするには長い歴史で培った技術や経験がものを言います。ボーイングはそれを数多く実践し、ノウハウ（ビジネス経験）として蓄積しています。つまり、この点も競合他社がマネするには時間を要するため、ボーイングをなかなか**「模倣できない障壁」**になっているのです。

こうした旅客機ビジネスのスケールの大きさ、外交をはじめとする政治力、経験に裏づけされた技術力などの話を聞くと、日本初のジェット旅客機であるMRJの運航がスタートし、採算ベースに乗るまでには、まだまだ多くの難題が待ち受けているように感じます。しかし、そうした問題をクリアし、低燃費や客室の広さといった技術面はもちろんのこと、販売やプロモーションなどマーケティング全体で、競合他社を圧倒する「違い」を見せつけて、国際市場に大きく羽ばたいてほしいものです。

Chapter 2

セオリーに反する 一見、非常識な行動が すごい効果を生む

File 7

マッサンの一見「誤った」行動がニッカウヰスキーのブランドを確立

マーケティングを考え直す格好の材料

２０１４年９月〜２０１５年３月にかけて放送されたＮＨＫ朝の連続テレビ小説『マッサン』。

ニッカウヰスキー創業者であるマッサンこと竹鶴政孝と、サントリー創業者である大将こと鳥井信治郎との対比は大変興味深く、筆者もマーケティングの有効性や限界などを改めて考えさせられました。このＦｉｌｅでは、二人の功績に焦点を当てながら、ニッカウヰスキーとサントリーの差別化戦略について解明していきます。

マッサンの行動 vs 大将の行動

スコットランドでウイスキーづくりを学んだニッカウヰスキーのマッサンは、日本に戻り、スモーキーフレーバーという本場の香りにこだわった本物のウイスキーづくりに情熱を注ぎます。しかしながら、ウイスキーに慣れていない当時の日本人にとってこのフレーバーは「煙くさい」と不評で、販売も順調には推移しません。しかも、スモーキーフレーバーへのこだわりは高コスト要因となり、そのため価格も高くなってしまう有様でした。ちなみにその後、紆余曲折があり、最後には成功を収めるというサクセスストーリーでドラマは終わります。

一方、サントリーの大将は本物であるか否かは二の次で、当時の日本人の嗜好に合わせた飲みやすいウイスキーづくりを実践します。また、商品の広告活動にも極めて積極的で大きな成功を収めています。

Key Issue 7
ここが論点！

このように対照的なマッサンと大将。
では、どちらが差別化思考の点で優れているのでしょうか？

マーケティングのセオリーで考える、マッサンと大将

マーケティング活動の目的は「**顧客満足の最大化**」ということが、セオリーとして広く認知されています。そのために、マーケティングリサーチなどを実施して消費者ニーズを把握し、そうしたニーズに見合う製品を開発する。さらに、つくって終わりではなく、消費者への広告活動も重要なポイントであると指摘されています。

こうしたマーケティングのセオリーと照らし合わせれば、「マッサンはダメで大将は正しい」と簡単に決着がついてしまいます。

しかしながら、果たして、このようにあっさり結論づけてしまってよいものでしょうか？

「顧客満足を超える」「顧客に挑戦する」

ずいぶん昔になりますが、世界的に著名なスイスの時計メーカーであるＳＷＡＴＣＨの当時のトップが、「当社のポリシーは顧客を満足させることではなく、顧客を刺激すること」と語っていました。こうしたポリシーのもと、ＳＷＡＴＣＨは他社の商品と差別化された斬新なデザインの商品を次々に誕生させています。

また、日本メーカーは非常に優秀で、適正な価格で顧客ニーズに合わせた商品をつくることには長けているものの、裏を返せば何とか顧客から合格点は得ることができる程度のレベルにとどまってしまい、劇的に高い顧客満足度に基づくロイヤリティの獲得までには至らないケースが多いという指摘もあります。

こうした視点から捉えると、マッサンの行動は簡単に否定できるものではないでしょう。ドラマのなかで戦後の日本において数多くのウイスキーメーカーが乱立し、激しい競争が展開されるシーンがありましたが、そうした競争をかい潜り、長きにわたりニッカウヰスキーが存続できた大きな要因は、創業者であるマッサンの**執拗なまで**の本場のスモーキーフレーバーにこだわった行動が、競合他社との差別化につながったからではないでしょうか？

筆者は、巷にあふれるブランド構築法のようなものには否定的ですが、今回紹介したマッサンのように創業者が強い信念を持ち、その達成に向け組織一丸となって長きにわたり努力を続けた結果は、他社が簡単にマネできるはずもありません。このような行動は、決してお手軽で簡単な方法ではありませんが、**真のブランド構築法**と呼べるかもしれません。

もちろん、大将が率いたサントリーの行動がマーケティングのセオリーどおりで、ありきたりなものかと言えば、それも違います。たとえば、水を売ることって難題だと思いませんか？　水を商品として考えた場合、機能的価値の追求で差別化する余地は極めて少なく、「それらしい商品名をつけて、大々的に宣伝」「ペットボトル容器の工夫」「おしゃれなグラスをプレゼント」などの差別化施策が関の山といったところでしょう。

しかしながら、２０１４年夏の『サントリー天然水』のキャンペーンでは、かき氷の名店「埜庵《のあん》」により監修された特製かき氷サーバーとシロップのセットが当たるという懸賞施策が展開されており、「さすが、サントリー！　市場拡大とブランド訴求の視点からも素晴らしい」と筆者はとても感心しました。「水を買うなど、せこくて保守的な消費者である筆者にとって、普段は絶対にあり得ないものの、なるほど、かき氷など特定の用途ではありかも。さらに、その後、時の経過とともに日常的に水を買うことへの抵抗感も薄れていくかもしれない」と――。

こうした現在成功を収めているサントリーのキャンペーンも、顧客志向を大切にしながら、斬新な差別化戦略を積極的に展開し続けるサントリーの社風とも言えるチャレンジ精神により、実現しているのではないでしょうか？

File8

イオンの『トップバリュ・セレクト』PBだからこそ、良質な差別化商品が生まれる？

「マーケティングとは何か？」という問いに対する一般的な答えは、「顧客を満足させること」であり、それに異議を唱える人はいないでしょう。

しかし、筆者は「**マーケティング＝高く売ること**」と捉え、研究に取り組んでいます。アベノミクス効果により景気が上向いてきたとはいえ、実際のところ店頭に並ぶ消費財の低価格競争は依然として激しいままです。こうした環境において、競合する他社商品よりも高価格であるにもかかわらず、それでも消費者が納得して買ってくれる商品をつくり上げることは、企業にとって極めて挑戦的で価値ある目標になると考えているからです。とりわけ、人件費をはじめとして、さまざまなコストが高くなってしまう日本企業にとって「高く売ること」は重要な課題です。

PBなのに「高く売る」

筆者がこうした研究を始めて約5年が過ぎました。当初はNB（ナショナルブランド／メーカーが企画する一般的な商品）で大ヒットしているプレミアム商品にのみ注目していましたが、最近はPB（プライベートブランド／小売業者が企画・販売する商品）へも調査対象を拡大させています。

PBは小売業者が企画するため、自社専用の商品となるパターンが主流です。したがって、素晴らしいPBを開発できれば顧客の囲い込みに大きく貢献します。また、自社商品ですから卸売業者は流通において介在しないため、中間マージンが発生しません。さらに、広告宣伝なども抑えられる場合が多く、NBより低価格に設定してもNBより高い利益率となります。このような点から、PBは小売業者にとって極めて重要な商品群となります。

また、開発・製造を引き受けるメーカーにとっても、PBは引き取りが確約された大規模な注文である場合が多く、売り上げが読みやすいなどのメリットがあります。自社のNB商品との**カニバリゼーション**（共喰い）に関しては、従来の一般的なPBでは徹底した低価格志向のもと、原料や製法などにおいて見劣りするケースも多いため、少し前までは大きな問題になっていませんでした。しかしながら、近年、PB開発に向けて勢いを増すイオンやセブン-イレブン（以下、セブン）を筆頭に、PBの品質は大きな改善を見せ、NBに対する競合商品になってきています。

プレミアムPBの誕生

こうした通常のPBの品質が向上してきていることに加え、NBと同等もしくは高価格で販売される高付加価値（プレミアム）PBも誕生してきています。代表的なプレミアムPBとしては、イオンの『トップバリュ・セレクト』や前述した『金の食パン』に代表されるセブンの『セブンゴールド』があり、ともに多くの消費者から高い評価を得ています。しかし、筆者にとって、このようなプレミアムPBの誕生は理解に苦しむものでした。

なぜなら、通常のＰＢであれば、小売業者でもメーカーの力を借りながら商品の企画・開発が可能でしょうが、プレミアムＰＢとなると、ＮＢと同程度の高いモノづくりに関する技術力が要求されると思われ、以下に挙げるような疑問点が考えられるためです。

Key Issue 8
ここが論点！

モノづくりに関する技術力のない小売業者は、いかにしてプレミアムＰＢに取り組んでいるのでしょうか？

また、プレミアムＰＢが市場に投入されているということは、当然のことながらメーカーが製造を引き受けています。しかしプレミアムＰＢでは、自社ＮＢと同等、時にはそれ以上の品質を小売業者から要求されるため、自社ＮＢとのカニバリゼーションがさらに深刻化するのではないでしょうか。

そもそも、ＰＢのほうが自社ブランドを冠したＮＢよりも高付加価値となると、**メーカーとしてのアイデンティティ**は一体どうなるのでしょうか。

このように考えると、プレミアムＰＢの製造に関わる小売業者からの要求にメーカーが応える理由が筆者には理解できませんでした。よく指摘されているように、小売業者からのＰＢ製造の要求を断ると、ＮＢの取り扱いを制限されてしまうといったパワー関係が背景にあり、引き受けざるを得ないという事情もありそうですが、ほかにも何か理由があるのではないかと。

「トップバリュ展示会」の意外な効果

こうしたプレミアムＰＢの実態を確認すべく、イオン本社近くの幕張メッセで開催されていた「**トップバリュ展示会**」に出向き、会場でインタビューを実施しました。会場に向かう間、ずっと「トップバリュ展示会とは一体何か」と、頭の中が混乱していました。ＮＢの展示会なら卸売業者や小売業者向けと察しはつくものの、小売業者自身が企画するＰＢの展示会が対象とするのは誰なのか、それは一般の消費者もしくはイオンが抱えるモニター向けなのでしょうか。

インタビューが始まり、まず、この点についてイオンの担当者に確認したところ、

「トップバリュ商品の開発は、トップバリュ株式会社が担当しているものの、実際にこうした商品を店頭に置くか否かは一部の基本ラインを除き、各店舗の裁量によります」との返答でした。つまり、同じイオングループ内といえども、開発された商品が自動的に店頭に並ぶといった甘えは排除される仕組みになっているわけです。したがって、トップバリュ展示会は商品を開発したトップバリュ株式会社が、仕入れ商品を決定する各店舗の代表者に向けて実施しているのです。

しかしながら、トップバリュ展示会に参加する各店舗の代表者は、単に店長およびバイヤーという限られた担当者だけではなく、各店舗の現場で働くパート従業員も含まれています。こうしたパート従業員は各店舗が所在する地域に暮らす主婦である場合が多く、つまり彼女らにより、地元の顧客ニーズを反映した商品の選択が行なわれることになります。

また、イオンの担当者は「パート従業員が最初のお客さまであり、この人たちに気に入ってもらえなければ、どうにもならない」とも言及しています。

さらにトップバリュ展示会では、既存のトップバリュ商品に対する意見集約にとどまらず、たとえば、『真崎わかめ』のように、パート従業員から地元の名産品に関する情報を収集し、それに基づいて商品化されるケースも出てきています。

このように、トップバリュ展示会は商品に関する情報収集という範疇を超えたもので、展示会参加者にとっては自らの意見が商品に反映されることもあるため、イオンへの帰属意識や日ごろの業務へのモチベーションを大きく高める要因になっていることでしょう。

トップバリュの超高品質を支える秘密「10万人モニター調査」

トップバリュの商品づくりにおける重要なポイントは、**消費者の声を生かす取り組み**に表れています。まず発売前にアンケート調査を介し、味、機能、価格、容量等に関して消費者による評価が行なわれます。こうした調査で高く評価されたものが実際に発売され、さらに発売後にも、味、機能、価格のほかに、パッケージデザイン、容器の大きさや使い勝手などについて消費者による評価が行なわれます。その後、課題に対する改善が加えられ、リニューアル製品が発売されるというサイクルになっています。併せて、こうした消費者の評価から商品カルテが作成されます。ちなみに、この調査に協力している**モニターの数は10万人**にも及ぶとのことです。

筆者はこれまで数多くの消費財メーカーにインタビューを行なってきましたが、実際にこれほどの規模でマーケティングリサーチが実施されている例はあまり見受けられませんでした。そもそも小売業者は毎日、消費者と顔を合わせており、さらにこうしたリサーチの体制が構築されているとなると、消費者ニーズの把握という点において、多くの消費財メーカーを圧倒していると言えます。

「逆転の発想」が他社商品との「すごい違い」を生む

また、開発や生産に関する技術力がないという小売業者の弱みは、愚直に消費者志向を貫くという強みにうまく変換できているのかもしれません。逆に、技術力という強みがあるメーカーでは、自社のこだわりが消費者ニーズと離反するケースもあるでしょう。

さらに、トップバリュ・セレクトのなかには地域限定の商品もあります。一方、NBは一般に日本中の消費者を対象とします。そのために、まず日本に点在する大小さまざまな小売店に扱ってもらわなければなりません。こうした状況において、個性あふれる尖った商品の展開は難しく、誰も文句を言わない無難な商品づくりに陥りがちです。またNBでは、マス広告によるイメージアップも重要な課題となります。それに対して、トップバリュ・セレクトの地域限定商品の場合は、特定の地域にあるイオンに来店する消費者を対象とした、つまりターゲットを絞った商品づくりが可能になります。

加えて、高品質ブランドであるトップバリュ・セレクトでは低価格を訴求する必要がないため、広告展開を行なわないことや卸売業者への中間マージンのカットにより削減したコストを、高品質の素材や手間のかかる製法などに転嫁することができます。これまでのPBは削減したコストにより、売価を下げるという考え方でしたから、まさに「**逆転の発想**」と呼べるでしょう。

一方、メーカーにおいても、こうしたプレミアムPBへの着手は、通常のPBへの着手と比べて企業イメージの向上となります。さらに自社では展開しにくい尖った商品への消費者の反応を確認し、ＮＢ商品の開発に生かす、というマーケティングリサーチの効果も生んでいます。

インタビューを終え、筆者が当初抱いていた疑問は吹き飛び、「なるほど。ＰＢだからこそ、高付加価値の商品が生まれ、そして競合他社を圧倒する差別化が成立するケースもある」と強く感じいった次第です。

File 9

買うのが恥ずかしい鼻毛カッター
他社が積極的に参入する前の市場にこそ勝機あり

鼻毛って、情けなく悲しい存在ですよね。改めて文字に表してみても、なんとも言えない字面です。髪の毛はないことにより悲しい思いをする場合もあるでしょうが、それ自体は可も不可もない中立的な存在です。マユ毛やヒゲも、無下な扱いをされているとは思えません。そのような中、鼻毛だけがこれほど不当に扱われるのはなぜでしょうか？　あの微妙なカーブのせいでしょうか？

「負のイメージ」を乗り越える！

消費者が負のイメージを抱くものに関連する商品に対しては、やはり購買意欲にも負の影響があるように思います。鼻毛カッターの購入に対しても多くの人が多少なりとも抵抗を感じることでしょう。しかしながら、鼻毛の未処理が、商談や恋愛に深刻な問題をもたらす場合もないとは言い切れませんから、鼻毛カッターは非常に重要な商品と言えます。本来、多くの人がもっと積極的に購入を検討してもよいはずです。

こうした鼻毛カッターのように、消費者が抱く負のイメージが「買うのがちょっと恥ずかしい」「ちょっとカッコ悪い」くらいの弱いレベルの商品では、潜在的需要は高い一方、競合する企業は比較的少ない場合もあると想定され、その市場性に対して目を向けることも、有効な差別化戦略として捉えることができるかもしれません。

マーケティングの実践において、こうした「買うのがちょっと恥ずかしい」といった負のイメージにより、購買意欲が湧きにくい、もしくは店頭で購入しにくい商品に対しては、メーカー側は普通の商品以上に創意工夫が必要となります。

Key Issue 9
ここが論点！

では、イメージがあまりよくないものの、潜在的需要が高い鼻毛カッターの売り上げを伸ばす、何かよいアイデアはありますか？

鼻毛カッターの「イメチェン」マーケティング

筆者が先日購入したパナソニックの『ER-GN10』という商品は、価格1000円程度であるにもかかわらず、マーケティングにおいて創意工夫に満ちています。

まず、パッケージでは、これはパナソニックの商品に限りませんが、鼻毛カッターではなく「エチケットカッター」というネーミングになっています。キャッチコピーも「フェイスグルーミングがこれ1台で！」とあり、「顔の処理」などのダイレクトな表現を用いていません。なお、グルーミングという言葉は、一般にはペットショップで犬などに対する被毛の手入れを指す場合が多いようです。イメージを変える、もしくは和らげるために、カタカナは便利であると改めて感じます。

さらに、パッケージには「鼻」「マユ」「ヒゲ」「耳」という4つの抽象化されたイラストが掲載されています。カッターの形状などから判断すると主たる用途は鼻だと思うのですが、それ以外の部分にも使えるということを大々的にアピールしています。

しかし、こうした鼻以外のイラストは、幅広い利便性の訴求というよりも、むしろ鼻毛への注目を緩和させる「オトリ効果」を狙っているのではないでしょうか。つまり、消費者がレジで精算する際に、店員に対して「鼻毛処理用としてではなく、ヒゲの手入れのために購入する」とアピール可能な「気休め」を与えてくれるということです。

筆者の主観的な判断ですが、デザインはスタイリッシュです。また従来、この手の商品はおおむね黒やグレーが主流でしたが、赤、黒、白の3色のバリエーションがあります。グレードも、筆者が購入した『ER-GN10』のほかにも、細身タイプの『ER-GN20』や水洗い可能な『ER-GN30』などが1500～2000円程度の価格で揃っています。

他社の鼻毛カッターには『iトリマー』という商品があり、一見、携帯音楽プレイヤーなどの電子機器を思わせるようなネーミングおよびデザインが施されているなど、メーカー各社の苦労の跡が見受けられます。

購入するのが「とても恥ずかしい」商品のイメージを変化させることは極めて困難

で、また、そうした商品の市場規模はおそらく、それほど大きくはないでしょう。しかしながら、鼻毛カッターのように「ちょっと恥ずかしい」くらいの商品であれば、前述のようなマーケティング的工夫を施すことによって、**イメージチェンジ**できる可能性は高いはずです。

老若男女を問わず、極めて多くの人が消費者になり得る鼻毛カッターの潜在市場の大きさを考えれば、大いに創意工夫し甲斐がある商品群と言えるでしょう。

潜在市場が大きいにもかかわらず、競合他社がまだ積極的に参入しそうにない市場を狙う差別化は、競争しない戦略の実現に通じるかもしれません。

File 10

音質にこだわらず広告もなし、「非常識」イヤホンは、なぜヒットしたのか？

マーケティングの基本的なセオリーとして、「マーケティングミックス（4P）」という考え方があります。これは、「製品（Product）」「価格（Price）」「プロモーション（Promotion）」「流通（Place）」からなるものです。このＦｉｌｅでは、４Ｐについて考えていきます。それでは、皆さんに質問です。

Key Issue 10
ここが論点！

さまざまな製品が出尽くした感のあるイヤホンの画期的な新商品を考えてみてください。

こうした場合、どういった製品で、値段はどれくらいで、どのように販売促進をして顧客に届けるか、つまり４Ｐについて考えることが大切です。

4Pは商品を販売するうえで非常に重要な枠組みです。たとえば、技術を結集して既存品の性能を40％上回る新商品を開発しても、価格が5倍であればなかなか売れないでしょう。

また、人里離れた牧場ですごくおいしいチーズが売られていても、誰にも知られることがなければ、売れることはありません。高齢者向けに素晴らしい衣服が開発されても、インターネットのみでの販売であれば、ターゲットとなる高齢者に対して有効な販路とは言えません。同じように、女子高生向けの商品であれば、スーパーマーケットよりコンビニに置いたほうが販売機会は増加するでしょう。

このように特定のニーズに対応した素晴らしい製品を開発したとしても、対象となる顧客に適した価格、プロモーション、流通が実行されなければ、販売は伸びないはずです。4Pは、わずか4つの要因で販売における重要なツボを押さえる、素晴らしい枠組みと言えます。

「音」にこだわる熾烈な競争

話題を、イヤホンの開発に戻しましょう。

まずは最初のP、製品についてです。現状では、各社からさまざまな機能を備えたイヤホンが市場に投入されています。

たとえば、耳をふさがずに音を聴く骨伝導式イヤホンは、骨の振動によって音を聴くことができるので、難聴予防や音漏れがないなどのメリットがあります。また、クラシックやアニメソング専用にチューニングされたイヤホンも発売されています。

究極のイヤホンと呼べるのが、ソニーの子会社であるソニーエンジニアリングから発売されている『Just ear XJE-MH1』です。これは、一人ひとりの耳の形状に合わせて最適な音質を実現するテイラーメイド（オーダーメイド）の商品です。受注時に耳の型をとり、使用環境や好みの音楽に応じて、音質も調整されるという、こだわりぶりです。しかしながら、そのイヤホンの市場価格は30万円前後とかなり割高になっています。受注生産で世界に1台だけのイヤホンゆえ、このような高価格になってしまうのも仕方がないでしょう。

以上、さまざまなイヤホンを紹介しましたが、共通することがあります。それは、すべて「音」にこだわっているということです。「イヤホンなのだから、音にこだわるのは当たり前だ」という意見もあるでしょう。しかし、すでに各社がこれだけこだわっている部分に新たに切り込んでいき、競合他社との差別化を図るのは至難の業です。

ターゲットを変える!

ずいぶん昔のことですが、筆者が大変感心したイヤホンがあります。それは、エレコムが発売した女性向けイヤホンです。

よく考えると、女性だけが対象となる一部のものを除けば、世の中の製品の多くは男性用につくられているのではないでしょうか。パソコンも、発売当時は黒やグレーといった地味な色が多かったですし、イヤホンにも同様のイメージがあります。

こうしたなか、エレコムはいち早く女性にターゲットを絞り、デザインや色、柄などを工夫したイヤホンを開発しました。つまり、エレコムは「イヤホンと言えば『音』」という**凝り固まった常識から離れ**、独自に市場のセグメントを行ない、ターゲットを抽出し、独自のポジショニングを実施したわけです。

こうしたイヤホンは、単に商品における差別化の実現だけにとどまりません。通常のイヤホンは、家電量販店などで扱われていますが、エレコムの女性向けイヤホンはターゲットが女性ゆえに、雑貨屋などでも販売されていたのです。これは従来とは異なる新しい販売チャネルの開拓を意味します。

以前、筆者はイヤホンを購入しようと家電量販店を訪れた際、通路両面の大きな棚を覆い尽くす無数のイヤホンに圧倒され、商品を選ぶことが面倒になり、結局何も買わずに帰った経験がありました。しかし、雑貨屋において競合するイヤホンは極めて少ないでしょう。

プロモーションに関して、単体のイヤホンの市場規模はそれほど大きくはないため、マスメディアでの広告展開は現実的ではありません。しかし、女性向けイヤホンは、そのユニークでわかりやすい特徴から、当時、多くのメディアでニュースとして取り上げられました。広告展開を行なわなかったものの、結果的に大きな宣伝効果を得たことになります。

価格に関しても、音にこだわるような技術開発と比較して投資額は小さかったため、リーズナブルな価格で気軽に買える商品としてヒットしました。

商品開発と言うと、機能を中心に差別化することを考えがちです。しかし、それに加えて**流通での差別化などもセットにして考慮すると**、他社との「違い」をより明確にすることができるのではないでしょうか。

File 11

フジパン『本仕込』の模倣困難性を生み出した小手先ではない仕組み

簡単に模倣されてしまった「携帯サンドイッチ」

パンの耳を切り落とし、具材を挟み、端を閉じた「携帯サンドイッチ」と言えば、日本のパン業界の圧倒的リーダー企業である山崎製パンの『ランチパック』を思い浮かべる人が多いでしょう。

小売店の売上データを見ても、ランチパックの強さは圧倒的で、特に「たまご」「チョコクリーム」「ピーナッツ」「ツナマヨネーズ」の人気が高い状況です。

しかし、実は携帯サンドイッチの元祖は、1975年に業界第3位のフジパンから発売された『スナックサンド』です。スナックサンドは「小倉あん」「マーマレード」「ミックスピザ」の3種類でスタートしました。

しかしながら、フジパンのスナックサンドが発売されてから9年後の84年に山崎製パンから『ランチパック』が発売され、現在に至るまで携帯サンドイッチ市場を席巻しています。ランチパックは前述のような全国で販売されている定番ものから、地域限定のご当地ものまで、豊富なバリエーションが用意されています。

また、ランチパックシリーズでは、筆者の大学も含め、さまざまな大学とコラボレーションを行なって開発された商品も数多く誕生しています。

さらに、東京の秋葉原と池袋には、定番ものからご当地ものまで、関東で手に入るすべてのランチパックが販売されている専門店まであります。加えて、ランチパックの広告展開に関しては、女優の剛力彩芽氏が出演するテレビCMが印象に残っている人も多いと思います。

模倣が容易なパンの世界

リーダー企業との差別化を狙って新商品を開発したものの、その後リーダー企業から模倣品が発売され、流通や広告といったマーケティング力の差によって、市場が席巻される――。携帯サンドイッチの世界でも、こういったお決まりのパターンが展開されているわけです。

以前、パンメーカーの方にお話を聞く機会があったのですが、「パンという商品は、新製品を開発しやすく、模倣される可能性が極めて高い」と渋い顔で語っていました。

確かに、生地の形を変えたり、何か新しい具材を加えれば、それだけでも新製品となってしまうわけで、1日にいくつもの新製品が誕生してしまいそうです。実際、パンメーカーでは恐ろしいほどの数の試作品が、日々生まれては消えているようです。

Key Issue 11
ここが論点！

模倣が容易なパンという商品で、競合他社にマネされない差別化を「どこで」「いかに」図ればよいでしょうか？

競合他社には模倣できない『本仕込』の製法

現在、食パン市場の主流となっている「もっちり系」食パンの元祖は、フジパンの『本仕込』です。

日本では、多くの消費者が「ぱさつき＝まずさ」「もっちり＝うまさ」と捉えることをフジパンは過去の経験から感じ取っていました。そして、もっちりしていて長く支持される食パン、つまり「ご飯のような食パンを開発して売り出す」というコンセプトを固め、本仕込の開発に着手していきます。

それまでの工場生産では、一度生地の種をつくっておき、発酵させてから副材料を加える「中種法《なかだね》」という製法が採用されていました。この中種法は、機械耐性に優れ、工場で大量生産を行なう大手メーカーでは主流となっていました。

また、中種法で「もっちり感」を出すためには、添加物などを使わなくてはなりません。しかし、フジパンは添加物を使用しない本物志向にこだわり、ベーカリーと同じように一度に材料をこねてつくる「ストレート法（直捏法《じかごね》）」に挑戦します。ストレート法は機械での大量生産には向かないため、各メーカーが敬遠してきた製法でした。

本仕込の開発において、当初は焼き上がりの際に固さが均一でないなど、品質がなかなか安定しませんでした。しかし、フジパンは材料の水分量や配合の工夫だけではなく、ラウンダー（捏ねる機械）などの設備交換、工場内の温度・湿度管理まで徹底する大規模な製法の変更を行ないました。そして、2年以上の歳月をかけ、1993年に本仕込は完成します。

こうして完成した本仕込は、アルファ化度（でんぷん中の糊化状態の割合）が他社商品より5％も高く、競合他社の商品にはない、もっちりとしたおいしさを実現していました。

94年の発売以来、本仕込は人気商品として、現在に至るまで大きな利益を生み出しています。その理由のひとつは、素材へのこだわりや何か新しいものを加えたという小手先レベルの差別化ではなく、競合他社が敬遠していた、設備交換をはじめとした大規模な変更を伴う新製法に**リスクをとって挑戦**したことにあります。そして、それが競合他社に対する「**模倣困難性**」を高めたのです。

斬新なアイデアで先行して市場に投入したものの、競合他社に簡単に模倣され、市場を席巻されてしまったスナックサンドの失敗の教訓が、本仕込における差別化に生かされているのでしょう。

File 12

「モノ売り」から「サービス提供」に転換したメニコンの『メルスプラン』

江戸時代でも客の取り合いなど店同士の競争はあったはずですが、一般に「企業間競争の激化」といったフレーズが頻繁に登場するのは1980年代以降でしょう。それから30年以上が過ぎ、多くの商品群において現在の市場は飽和してしまっています。

しかも、規制緩和や国際化の影響を受け、競合他社が増加している業界も多く、他社との差別化を狙った新商品がどんどん市場に投入されています。たとえば、冷蔵庫や洗濯機などは「白物家電」と呼ばれていましたが、現在の豊富なカラーバリエーションを踏まえれば、もはや白物家電という言葉は意味をなしません。

一方、消費者に注目すると、たとえば多くの耐久消費財に関してはすでに保有済みの場合が多い状況です。しかもインターネットを代表とする情報通信技術の急速な進展の影響を受け、世の中にどういう商品があり、その特徴、価格など、簡単に詳細まで確認することができてしまいます。

こうした消費者への対抗策として、ただでさえ飽和状態の市場にどんどん新たな商品が投入されているのです。もともと、販売というプロセスは、調達や生産などと比較して**不確実性の高い**プロセスですが、このような市場が飽和している状況において、商品が売れるか否かに関する不確実性は極めて高くなっています。

Key Issue 12
ここが論点！

こうした販売における不確実性の低下を実現し、競合他社との「違い」をつくるには、どうすればよいでしょうか？

関係性マーケティングとは？

販売における不確実性を低下させる手法のひとつに、「**関係性マーケティング**」があります。従来のマーケティングでは販売時への注力や新規顧客の獲得が重視されていましたが、関係性マーケティングは販売前後における顧客との関係性を重視し、既存顧客の維持にも注力しようというマーケティングです。とりわけ、人口が減少している日本などの先進国において新規顧客の獲得よりも既存顧客の維持のほうが費用対効果の面で有効であるとの研究が数多く報告されています。

こうした関係性マーケティングは1980年代に登場しましたが、2000年代に入り注目を集めるようになります。顧客との関係性を深めるためには顧客情報の収集や個別の顧客との双方向コミュニケーションが重要となりますが、急速に進展してきたインターネットに代表される情報通信技術により、大きなコストをかけることなく、関係性マーケティングを有効に実現できると多くの研究者や企業が考えたからです。

モノを売るのではなくサービスを提供

関係性マーケティングに関する文献を読み、大変感心した筆者はその後、多くの事例について調べてみましたが、うまく実践できているケースはなかなかありませんでした。こうしたなか、メニコンが行なっている『メルスプラン』は、関係性マーケテイングの実践における成功事例として興味深いため、以下にその概要を紹介します。

メニコンは日本のコンタクトレンズのトップメーカーではあるものの、ジョンソン・エンド・ジョンソンやボシュロムなどの大手外資系メーカーと比較すれば、規模において大きく見劣りします。とりわけ、1990年代後半以降、市場で影響力を持ち始めた使い捨てコンタクトレンズにおいて、外資系メーカーは豊富な資金力により、大々的なテレビ広告をはじめとするプロモーションを展開して、影響力を強めてきました。

こうした大手外資系メーカー主導の使い捨てコンタクトレンズに対して、自社のハードおよびソフトコンタクトレンズ市場を死守するべく、メニコンが打ち出したのがメルスプランです。それまでは、メニコンも他社と同様に、単発でコンタクトレンズを販売していたわけですが、メルスプランは会員制となっており、顧客は会員となって月会費を支払います。コンタクトレンズ（使い捨てタイプではない）の使用経験のある方であれば記憶にあると思いますが、たとえば「自分の視力とやや合わなくなった」「コンディションが少し悪い」といった場合でも、コンタクトレンズは高額商品のため簡単に新しい商品を買うわけにもいかず、無理して使い続けるというケースが少なくありませんでした。しかし、メルスプランでは、こうした場合、無償でレンズ交換ができます。つまり、コンタクトレンズを安心して使い続けることができるサービスを提供しているわけです。

商品の単発的購入ならば消費者はその都度、気軽にメーカーや購入する店を替えてしまいますが、会員になって会費が定期的に口座から引き落とされるとなると、あまり深く考えずに会員登録を継続する場合が多いはずです。これは、顧客の囲い込みの実現を意味し、競合他社との差別化策として極めて効果的です。さらに、サービスを継続している間は他社よりも有利に会員との接触が可能となるため、顧客との関係性を強化し、**ロイヤルカスタマー化**させるチャンスも広がります。

こうしたサービスを実践するためには、物流システムの完備、会員からの問い合わせ窓口となるコールセンター、販売店への教育など、多くの準備が必要となったわけですが、それらをうまく乗り越え、メルスプランを実現しています。このメルスプランの「モノ売り」から「サービス提供」への転換は、従来のメーカーの枠組みを超える「**発想転換の勝利**」と言え、差別化を考えるうえで大いに参考になるでしょう。

File 13

大手企業が模倣できない、中小企業だからこそのプレミアム商品

消極的になりがちな中小企業の戦略

大企業と比較すると、人材、資金、設備など、さまざまな経営資源において中小企業は不十分な場合が多いでしょう。こうしたことを言い訳に、中小企業では何事においても消極的な戦略をとる場合も少なくはないはずです。

しかしながら、大企業と比べて中小企業がすべての面で100％不利な立場にあるのでしょうか。いや、大企業に勝るポイントが何かしら必ずあるはずです。

現在、札幌の高級豆腐市場で大きな影響力を持つ豆太は、老舗のような長い歴史や

豊富な資金などの優位性を何ら保持していなかったにもかかわらず、2000年に高級豆腐市場に参入し、現在に至るまで順調な販売を維持しています。

Key Issue 13
ここが論点！

こうした中小企業である豆太の高級豆腐市場における成功の裏に、どのような差別化要因があるのでしょうか？

高級豆腐誕生の背景

豆太の前身となる岡内食品の豆腐は、卸売価格35円、店頭の小売価格48円が基本で、セール時には3丁100円で販売されていました。当時の取引先は安売りの個人商店が中心であり、大手小売業者が台頭してくるなか、豆腐の売り上げは下降傾向になっていました。

販売ボリュームを維持するために、大手スーパーなどとの取引を拡大させようと交渉を試みたものの、原価割れが生じるほどの価格要求があり、最後には交渉先から「お宅の豆腐でなくても、どこでもいいんだよ」と言われる始末。実際、岡内食品の豆腐はなんの特徴もない普通の豆腐で、そう言われても仕方のない状況でした。

こうした状況に対して、強力な流通パワーを回避し、適正価格で取り扱ってもらえる、また今後の成長が見込める業態ということで自然食品の店をターゲットにしました。もともと競合他社との差別化のため、こだわりのおいしい豆腐を北海道産大豆と天然にがりと天然水でつくろうと考えていたこともあり、自然食品の店とは相性がよかったわけです。

おおよそ1年間ほど、自然食品店を中心に北海道産大豆と天然にがりによる豆腐の市場性についてリサーチし、「どういう商品なら消費者に喜ばれ、適正な価格で販売できるか」ということを考え続けました。こうしたマーケットリサーチを行なっていた際、ある自然食品の店主から「消泡剤を使わず、豆腐をつくってほしい」との要望が出てきました。

消泡剤とは、文字どおり泡を抑えるための添加物で、昔は石灰と油揚げなどを揚げた後の油を混ぜたものが用いられ、その後はシリコンなどからつくられていました。人体への影響に関して問題にはなっていませんでしたが、食品衛生法においてシリコン樹脂の使用量の上限は決められていました。そのような背景を知る消費者に対して、「消泡剤不使用」は人工的な添加物を使っていないという他社商品との「違い」を打ち出すアピールポイントになったわけです。

こうして原料は北海道産大豆、天然にがり、天然水のみとし、消泡剤不使用による「人工添加物ゼロで体に優しく、最高においしい豆腐」という豆太のコンセプトが誕生しました。

常識を無視した製品開発の試行錯誤

ところが、消泡剤を使わずに豆腐をつくるのは非常に困難でした。そもそも豆腐製造用の機械は消泡剤を入れることを前提につくられており、完全に消泡剤投入がセットになっていました。したがって、消泡剤の使用に誰もなんの疑問も抱いておらず、消泡剤を使わずに豆腐をつくるというのはまさに**常識外れの発想**でした。豆太社長の岡内宏樹氏は当時を振り返り、「まだ素人のようなものだったから、素直にやってみようと思えた」と語っています。

その後、消泡剤を使用せず、豆腐をつくれる釜を扱うメーカーが九州にあるとの情報を入手し、中小企業にとっては大きな投資となりますが、その釜の購入を決断します。しかしながら、その釜を用いても、なかなか納得のいく製品はできませんでした。一般の凝固剤（硫酸カルシウム化合物）ではなく天然にがりを使用したこともあり、そもそもまったく固まりませんでした。気温に合わせて、大豆を水に浸す時間やにがりの量と入れるタイミングなどを試行錯誤する日々が続きます。

最初の2～3カ月は36丁に1丁程度の歩留まりで、うまくできた豆腐があれば1丁でも自然食品の店に持っていくという有様でした。しかしながら、こうした状況にもかかわらず、楽しみにしてくれる顧客が現れ始めます。商品はとにかく柔らかすぎていて、「何もしていないのに溶けた」「容器から出せず、スプーンで食べている」など、顧客から感想が寄せられる日々が続きました。ただ、そうした顧客からの声はクレームではなくエールであり、味に関しては「とにかく最高」という高い評価でした。結局、初年度の販売数は600丁程度にすぎませんでした。それから3年が経過し、やっと納得のいく豆腐が安定して製造できるようになり、現在は1日1000丁程度の販売数となっています。

お金をかけない、したたかなプロモーション

中小企業である豆太にマス広告を利用したプロモーションを展開する資金はありません。しかし、大きな投資をすることなく、実に**したたかなプロモーション**が行なわれています。

たとえば、パッケージに関して、普通、豆腐のパッケージでは文字が横書きになっていますが、『豆太とうふ』の場合は縦書きです。縦書きにすると、商品を店頭で縦に並べなければならず、手間やスペースの問題で小売業者からは敬遠されますが、消費者にとっては店頭で一目でわかる他社商品との差別化が実現するわけです。また、通常、パッケージには「木綿豆腐」や「絹豆腐」と大きく表示されていますが、豆太とうふの場合、ブランド名である『豆太』が手書きの字体で大きく記載されています。

さらに、容器には白色ではなく透明の材質を採用しています。白い容器の場合、豆腐の角が欠けるなど不具合があっても消費者は購入する際にはわかりません。透明の容器には、豆太の**品質や安全への絶対的な自信と覚悟**が表れています。加えて、容器を透明にした狙いとして、消費者に「豆腐の色をよく見てほしい」という思いも込められており、こうした点について「たかがパッケージ、されどパッケージ」と岡内社長は強調しています。

広告に関しては、販売開始3年目に取引銀行主催の商談会に商品を出品した際、地元の北海道新聞に取り上げられ、以後、ほかの新聞社、テレビ局、ラジオ局などから100件を上回る取材依頼があり、一切お金をかけることなく大きな広告効果を得ています。ここまでメディアに大きく取り上げられた要因として、北海道産大豆の使用や新しい製法、安全な商品、パッケージのインパクトなどが挙げられます。つまり、本当に差別化された商品ならば、お金をかけなくとも自然に情報が広まっていくということです。

豆太とうふの費用対効果と大手に模倣されない理由

まず、費用対効果に関して、北海道産大豆の使用など、かなりのコスト増となっているものの、差別化された商品に対して、流通業者からの値下げ要求はなく、適正な利益が確保できています。

また、競合他社による模倣への対抗策に関しては、もちろん商標登録などは行なっていますが、それ以上に徹底的にこだわり、手間をかけてつくることが他社にとっては極めて模倣困難なポイントになっています。たとえば、消泡剤を使わないため、豆乳の煮こみに手間をかけ、その後、泡取りの作業などを行なう必要があります。できあがった製品は非常に柔らかく、壊れやすいため、丁寧に容器に詰めなければなりません。さらに、高濃度の豆乳を用いているため、絞り機の詰まりが激しく、メンテナンスにも時間をとられます。

こうしたことはすべて手作業で行なう必要があるため、いくら資金力がある大手メーカーといえども、大量生産することは極めて難しいわけです。そもそも消泡剤を使わず、豆腐をつくるためには機械などの設備を変更しなければならず、気軽な新製品投入というわけにはいきません。この点も**他社が模倣する際の高い壁**になっています。

さらに、最も強調すべき点として、従業員のモチベーションの変化が挙げられます。以前は極端なことを言えば、何時に出勤するかわからない従業員もおり、また製造現場は衛生面の管理すら行き届いていませんでした。それらについて岡内社長が注意しても「どうせ安物だし」という反応で改善されなかったとのことです。当時を振り返り、「私自身においても、そういう（安物だからいいか、という）甘えがあったかもしれない」と岡内社長は語っています。

しかし、豆太とうふが地元を中心としたメディアで大きく取り上げられ、従業員が近所の人から「あの高級豆腐の豆太で働いているんですね」と声をかけられるようになってから、従業員の意識は完全に変わりました。「それまでは品質に全くこだわることなく処理するように製造していましたが、現在ではパートも含め、従業員同士が高級豆腐に見合う品質となるようにお互いに注意し、さらに意見を出し合うようになってきており、こうした雰囲気は現在の当社の強みとなっている」と岡内社長はコメントしています。

一般に中小メーカーの待遇は大手メーカーほど恵まれておらず、豆太も例外ではありません。しかし、プレミアム商品である豆太とうふにより、極めて高いモチベーションを持つ組織となっています。

中小企業の兵法

こうした豆太の事例は、社長の覚悟と強いリーダーシップ、全社一丸となった柔軟かつスピーディーな対応など、中小企業が保持している強みを徹底して実践することができれば、十分ではない資金や人材や設備をはじめとする経営資源における弱さを克服し、大手企業をも圧倒する大きな成功をつかむことも夢ではないと教えてくれています。

File 14

正面からぶつかっても勝てない コンビニ王者セブン‐イレブンとの競争戦略

愛知県名古屋市に本社を置くコンビニエンスストアチェーンのココストアが、2015年10月に業界第3位のファミリーマート（以下、ファミマ）に買収されました。ココストアは、関東や関西の人にはそれほど馴染みがないかもしれませんが、名古屋に住んでいる筆者は大好きなコンビニです。

ファミマは買収によって、九州地区に集中出店しているココストアの店舗網を入手することができます。さらに、すでにサークルKサンクスを抱えるユニーグループ・ホールディングスとの経営統合を発表しており、それらも合わせると、ファミマは店舗数で業界首位のセブン‐イレブン（以下、セブン）と肩を並べることになります。

しかし、1店舗当たりの売り上げや収益を見ると、セブンとの間にはまだまだ大きな差がある現状です。

Key Issue 14
ここが論点！

圧倒的王者セブンが君臨する市場で、他のコンビニは、どのような戦略を打ち出せばよいと考えますか？

昨年、この問題について筆者担当ゼミナールの学生たちが研究に取り組みました。具体的には、「セブンが圧倒的地位に立つコンビニ業界で、業界第5位のミニ・ストップはどのような戦略を展開していくべきか」というテーマです。

ミニ・ストップは、GMS（総合スーパー）業界で圧倒的王者であるイオングループ傘下のコンビニです。「こうした強みを活用して戦略を立てれば、解決策が導かれるのではないか？」ということから、ミニ・ストップが研究対象になりました。

セブンの国内店舗数は約1万7000店で、ミニ・ストップは約2000店です。店舗数において8倍以上の差をどのように縮めていくのか、筆者も大変興味深いテーマだと感じました。

調べれば調べるほど、セブンの強みが明らかに

学生たちは、まず消費者のコンビニに対する意識調査を行ないました。結果は予想どおり、ブランドイメージや商品に対する評価などで、セブンの人気は圧倒的でした。

また、各コンビニを訪問してオーナーなどにインタビューを行なうと、セブンは各店への商品の納入頻度が、ほかのコンビニより多いことがわかりました。商品の納入頻度が多いことにより、商品の品切れや過剰在庫を最小化させることができます。

さらに、その効果は物流だけにとどまりません。納入頻度の多さは、消費者においしい商品を届けることにもつながります。なぜなら、鮮度の高い商品を届けることが可能となるからです。また、次の納入までの時間が短いことで、商品への保存料などの使用を最小限に抑えることができます。

ミニ・ストップが可能な差別化策とは？

こうした調査を踏まえて、学生たちはテーマを「セブンへの対抗策」から「セブンとの差別化策」に変更しました。つまり、**圧倒的に強い王者に対して正面からぶつかっても勝てない**と判断したわけです。

さらに、ミニ・ストップが流通業界で大きな影響力を持つイオングループであるという点を加味し、大きく分けて2つの差別化策が提案されました。

◎店内調理のお弁当

調査結果を見ると、セブンのお弁当に対する消費者の評価は、極めて高いものでした。前述したとおり、セブンの食品には鮮度のよさや保存料使用の最小化が可能といった強みがありますが、それは独自の配送システムにより実現されています。そして、8分の1の店舗数しかないミニ・ストップが、セブンと同じような配送システムを構築するのは現実的ではありません。

こうした事情を踏まえて、「中国地方を基盤とするポプラのように、店内調理のお弁当を提供してはどうか」という差別化策の提案です。イオンには、関東を地盤とするオリジン東秀という弁当チェーンがあり、グループ内のシナジー効果も期待できます。

現実には、すでにミニ・ストップとオリジンの間で業務提携が行なわれていましたが、この提案が導き出されるまでの思考プロセスは大変興味深いものでした。

◎NB（ナショナルブランド）と『ベストプライス』の充実

調査を通じて、セブンのPB（プライベートブランド）である『セブンプレミアム』についても、消費者の評価は圧倒的に高いことがわかりました。

しかし、店舗数の差を考えると、ミニ・ストップがセブンと同規模の商品開発体制を構築することは難しい状況であり、現在はイオンのPBである『トップバリュ』がミニ・ストップで販売されています。

トップバリュは、基本的に主な販路であるスーパーマーケットの消費者を念頭に開発されており、コンビニの消費者も意識した路線に変更すると「二兎を追う者は一兎をも得ず」となる可能性もあることから、得策とは思えません。

こうした状況を踏まえ、「近年、注目されることが多いPBではなく、逆にNBを充実させるのはどうか」という提案です。セブンをはじめ、コンビニ各社がPBに注力しているからこそ、**「あえて逆を行く」差別化策**です。

イオンの影響力を利用すれば、NBメーカーに対して、ほかのコンビニより有利な条件で取引や協力を得ることが可能になるかもしれません。これは、PBが順調なセブンは決して採用しない施策と言えます。

さらに併せて、トップバリュのなかでも低価格路線の『ベストプライス』を中心に品揃えするという提案もありました。これは通常、NBはPBより高価格になるため、NBに注力するという今回の差別化策ではカバーできなくなる低価格志向の消費者に向けた補完的な施策というわけです。

日本の流通業界において、イオンより「規模の経済」で勝るグループは存在しません。よって、ベストプライスより低価格のPBを取り揃えることは、ほかのコンビニにとっては極めて困難であり、ミニ・ストップの強みとなるはずです。

すでに差別化を実践していたココストア

こうした学生から出された2つの差別化策に、筆者は「なかなか、いいのではないか」と感心しました。

しかしながら、ファミマに買収されたココストアの特徴は、店内で調理するお弁当と焼きたてのパンであり、NBも充実していました。NBについては、「事業規模の関係で、PBに注力できなかった」というほうが正しいかもしれませんが。

つまり、ココストアはすでに学生たちの提案（ミニ・ストップの差別化戦略としての提案）を実践していたとも言えるわけですが、経営状況が芳しくなく、ファミマに買収されることになってしまいました。ココストアの店舗は順次、ファミマに転換していくようですが、名古屋の愛好者からは、ココストアの焼きたてパンやお弁当、家庭的な雰囲気を惜しむ声も少なくありません。

今回の事例で紹介したような、コンビニ王者であるセブンとの仮想差別化戦略は、非常に興味深いものです。ココストアでは店舗数など事業規模の関係でうまくいかなかったと思われますが、ココストアの一ファンとして、同チェーンが実践していた差別化されたサービスの採用について、ファミマもぜひ検討してほしいと思います。

File 15

サントリー『レモンジーナ』品薄商法疑惑の是非

『南アルプスの天然水&ヨーグリーナ』や『レモンジーナ』など、サントリーではヒット商品が続いています。しかし、販売が想定を大きく上回り、生産が追いつかず一時出荷停止となったため、「わざと少なめに生産し、**市場での枯渇感をあおる品薄商法**ではないか」との批判が集中した時期がありました。こうした批判に対してサントリーは、「需要を読み間違えたため」と否定しました。

品薄になると簡単には手に入らないため、当然のことながら「なんとしても買いたい」と考える消費者が多く生まれます。さらに、一時出荷停止がニュースで取り上げられることによる商品名の訴求、加えて「それほど売れているなら、よい商品に違いない」といったイメージの向上などによって、売り上げアップに大きく貢献する場合もあるでしょう。

Key Issue 15
ここが論点！

こうした品薄商法のメリット、デメリット、また差別化戦略への影響について、どう考えますか？

大ヒットがもたらす意外な落とし穴

事の真相は不明ですが、筆者はサントリーが品薄商法を展開したとは考えていません。なぜなら、品薄商法を展開するメリットとデメリットを比較すれば、断然デメリットのほうが大きいからです。

以前、学生と一緒に大手寒天メーカーを訪問し、工場見学やインタビューをしたことがあります。その当時は、ちょうどテレビがきっかけになった「寒天は健康にいい」という大ブームが過ぎたころで、同メーカーのスタッフに対して「当時はさぞや儲かったことでしょう？」と質問したところ、「とんでもない。迷惑以外の何物でもなかった」と返答されて大変驚きました。その理由はおおむね以下のとおりです。

- 欠品が相次ぐ卸売業者や小売業者からの度重なる督促への対応
- 寒天の原料となるテングサも品薄となり、仕入れ値が高騰
- 通常の生産体制では対応できないため、従業員の残業代など生産コストの上昇
- コスト増を商品価格に転嫁できないことによる収益悪化

結局、そのメーカーでは寒天ブームのために売り上げこそ増加したものの、利益が悪化し、長年続いた増収増益は途切れてしまいました。さらに、ブームに便乗した新規参入業者が数多く現れて粗悪な寒天を市場に投入したため、「多くの消費者が寒天に抱くイメージを悪化させたのではないか」と危惧する声もありました。

品薄商法が有効な業界もある？

もちろん、清涼飲料水と寒天では異なりますが、基本的なビジネス構造は類似しています。たとえば、一度、欠品になると当然のことながら小売業者はその商品を多めに発注し、卸売業者もさらに余裕を持った量を確保しようとするため、全体として実際の需要を大きく上回る発注数になってしまいます。こうした実需に基づかない発注

はさらに生産現場を混乱させ、また最悪の場合にはブームが去った後、大量の在庫処分という悲しい末路に陥ってしまうケースも少なくありません。

一方、品薄商法が有効に機能する業界もあるかもしれません。たとえば、自動車は食品などと比べれば商品数も少なく、莫大な投資のもとに開発され、市場に投入されています。したがって、自動車メーカーにとって、ひとつの商品の成否が経営に与える影響は極めて大きいと言えます。また購入者側から見ても、販売店に行き、そのまま自動車を購入して乗って帰ることは通常できませんし、納車まで通常1カ月待ちのものが2カ月待ちとなっても、それほど大きな問題にはならないでしょう。よって、販売計画を少なめに設定し、その何倍もの注文を受けて好調という評判を獲得するというメリットの大きさに対して、デメリットは小さいように思えます。

筆者は顧客志向の観点から、品薄商法に対しては賛成できませんが、自動車メーカーなどでは、市場に枯渇感を与えるように品薄商法をうまく活用して、競合他社との差別化ポイントを際立たせるという手法もあり得るのかもしれません。

しかしながら、食料品であれば行きつけの店舗に出向き、品切れの時点で消費者は嫌悪感や失望感を抱き、別の店舗に行っても購入できず、さらに1カ月先にしか入手できないとなれば、大騒ぎとなることは容易に想像できます。また企業にとっては、先ほど取り上げた寒天メーカーの例のように、利益率を悪化させるばかりではなく、評判も大きく落としかねません。

売れないのはもちろん問題ですが、売れすぎても困る——。商売というのは本当に難しいものです。

Chapter 3

勝ち戦は続かない——差別化のジレンマ

File 16

大手居酒屋チェーンの組織巨大化による代償
チェーンオペレーションと差別化戦略の対立

実業家の堀江貴文氏がとある大手居酒屋チェーンについて、「まずい」とインターネットに書き込んだことが話題になっていましたが、筆者も最近の大手居酒屋チェーンのサービスについては「残念」の一言しかありません。率直に言えば、「怒りを覚えること」も多々あります。昔はこうではなかったように思えます。こうしたことは筆者の個人的な感想ではなく、数字にもしっかりと表れ、大手居酒屋チェーンのなかには業績が急速に悪化している企業も少なくはないようです。

Key Issue 16
ここが論点！

なぜ大手居酒屋チェーンのサービスは低下し、厳しい業績に陥ってしまうのでしょうか？

おおむね大学の周辺は、いろいろな居酒屋の集積地となっていますが、ご多分に漏れず筆者の大学の周りも同様です。全国的に知名度の高い大手チェーンから、ローカルのチェーン、個人経営の居酒屋まで、バリエーションに富んだ多くの居酒屋があります。

筆者も少し前までは大手居酒屋チェーンをよく利用していました。確かに大手居酒屋チェーンには、次のような魅力があります。

【大手居酒屋チェーンのメリット】

- 全国的に有名という安心感
- 全店統一されたサービス
- 幅広いメニュー
- おおむね低価格
- 充実したＢＯＸ席など、比較的余裕のあるスペース

チェーンオペレーションの魅力

それではまず、**チェーン店の根幹をなすチェーンオペレーション**について考えてみましょう。

生産量の増大に伴って原材料や労働力にかかるコストが減少し、結果として収益率が向上することを「**規模の経済**」と言います。スケールメリットとも言い換えられます。製造業では、この規模の経済は比較的容易に実現できます。なぜなら、作業工程を一カ所にまとめて大きな工場を建て、最新鋭の機器を導入し、大ロットで大量生産を行なえば製造コストは低下するためです。そうしてできた製品を日本中、世界中に販売していけばよいわけです。

しかしながら、飲食業や小売業では状況がまったく異なります。たとえば、福岡県に消費者が驚愕するほどの大きく魅力的な店舗をつくったとしても、東京から頻繁に来店してくれるかと言えば、通常そうはなりません。店舗の集客には必ず地理的な商圏の限界が存在し、交通移動のためのコストも含めて適正な購買費用の範囲内でしか消費者は行動しないからです。確かに個々の店舗を大きくしていけば、それにつれ客数は増加するでしょうが、どこかのポイントで必ず売り場面積当たりの客数は低下します。つまり「**規模の不経済**」という状態に陥ってしまうわけです。

こうした業界において規模の経済を実現する策がチェーンオペレーションです。各店舗を大きくするのではなく、数多く出店することにより、全体として規模の経済を獲得しようという考え方です。

では、具体的にチェーンオペレーションの、どのようなポイントで規模の経済が働くのでしょうか。まず、店舗の外観や内装などのデザインは統一されるため、設計料やデザイン料が大幅に低下します。情報システムの構築・導入費用も一店舗当たりに換算すると劇的に低下するでしょう。従業員を教育するための管理費、広告宣伝費などにもプラスの影響を与えるはずです。また全体でまとめて原料や商品を購入すれば、値下げ要求など仕入先に対するパワーも強まります。さらに、全国に店舗があるということは、チェーンの知名度が上がり、消費者に対しても大きな信用を与えます。

チェーンオペレーションのジレンマ

ここで、話題を大手居酒屋チェーンに戻しましょう。いろいろな大手居酒屋チェーンで「ひどいなぁ」と感じることが多発し、筆者はあまり利用しなくなりました。筆者も年齢を重ね、大手居酒屋のターゲットに合わなくなったのかと思いきや、学生からも「大手チェーンは嫌だ」という声を結構聞くようになり、案外、世代に関係なく多くの人がそう感じ始めているのかもしれません。

具体的な筆者の不満は、たとえば大手居酒屋チェーンAに関しては、まずメニューを見ても頼みたいものがありません。もちろん、個人の好みの問題でもあろうかと思いますが、それ以前に、手間のかからないメニューのオンパレード、刺身など傷みやすい商品のバリエーションは最小限に抑えたといった印象です。つまり、「店にとって都合がよい『売り手志向１００％』のメニューです。どうぞ召し上がれ」と言われているように強く感じてしまうわけです。ひいき目に見ても「客にうまいものを食べさせたい」という気持ちは微塵も感じられません。食べ放題や飲み放題なら代金を安く抑えられるとはいえ、単品で注文すればお得感もあまりありません。

また、大手居酒屋チェーンBでは、筆者が利用したときは店内で空席が目立つ状況であったにもかかわらず、注文したものが運ばれてくるまでが非常に遅く、しかも焼き鳥など、すべて冷め切った状態でした。すべての料理を運んできた男性店員の胸には大きな若葉マークが張り付いていたので、注文間違いなど多少のことがあっても許してあげたいところですが、熱々で提供されるべき料理が完全に冷え切った状態で出され、しかも彼はそれを悪いと感じていない雰囲気だったのです。このような失態となると、「若葉マークだからといって、すべて許されるわけではない」と逆に怒りが湧いてきます。

目の前にいる若葉マークの男性店員に対する怒りも多少はあるものの、彼を管理すべき店長および会社に対しての怒りのほうが断然大きくあります。このような失態はその時たまたまで、普段は熱々の料理が提供されているかもしれません。しかし、若葉マークの不慣れな新人に対しては、当然のことながら店長など経験あるスタッフに管理や教育する責任があり、組織体制に問題があると主張したくなるわけです。

では、なぜこんな状況になってしまったのでしょうか。

もしかしたら、人材不足で忙しく、顧客のことを気にかける余裕がないのかもしれません。または売り上げ至上主義の企業で、売れればそれでいいというスタンスなのかもしれません。店員にしてみれば、顧客サービスを徹底してリピーターを増やしても評価されないという不満があるのかもしれません。会社が大きくなるにつれ、福利厚生やその他の管理費用が増大するなど高コスト体質に変化し、手間がかかる、原価率が高いメニューに注力できないのかもしれません。仮に経営者が顧客満足を大切にしているとしても、大きな組織ではその経営者の意識が末端にまで行きわたっていないのかもしれません。そもそも、大きなチェーンに成長するまでには通常、長い時間を必要とするため、組織のゆるみやひずみが深刻化しているのかもしれません。

もともとチェーンオペレーションの肝は規模の経済の実現ですから、そのために徹底した標準化に基づく合理化が重要なポイントとなります。こうした特徴は、物販以上に顧客サービスがより重要視される飲食業界においては、大きな負の影響をもたらすということでしょう。

また、組織が大きくなりすぎるということも深刻な問題です。たとえば、同じようにチェーン展開している居酒屋でも、地元に特化しているなど小規模な場合は、メニューや接客が充実しているように感じることが少なくありません。おそらく、経営者の「客においしいものを元気いっぱい届けるぞ」といった熱い思いが、店長やスタッフにまでしっかり浸透しているためでしょう。

最近、筆者が足しげく通っている個人経営の居酒屋（もちろん安価な店）では、枝豆を頼んだ際に「この時期は冷凍になるけどいい？」といった一声をかけてくれます。こんな一言が非常に心にしみる、今日この頃です。

その一言は、競合他店との差別化を意識したものではなく、ごく自然に発せられているのでしょうが、筆者にとっては他店との大きな「違い」となり、店選びの重要なポイントになっています。チェーンオペレーションではマニュアル化された事務的な接客が一般的であるため、こうしたことを実現するのは難しいと考えられます。しかしながら、すごい差別化を生むチェーンオペレーションの肝は、このようなポイントにあるのかもしれません。

File 17

飛ぶ鳥を落とす勢いのスターバックスに異変？差別化の核心「居心地のよさ」追求のジレンマ

スターバックスコーヒー（以下、スタバ）は、アメリカ・シアトル系カフェの代表格として、相変わらず人気があります。こうしたスタバの人気は大学生など若者においても目立っています。しかしながら、若者の車離れや酒離れ同様、コーヒー離れも深刻なようで、スタバに行っても若者が注文するのはフラペチーノなど、ドリップコーヒー以外の商品が中心となっています。

もっとも、こうした状況はスタバ自身が意図したことかもしれません。２０１１年のロゴマークの変更により、人魚の周りを取り巻く「STARBUCKS COFFEE」の文字がなくなり、現在のロゴとなったわけですが、その理由は「スタバ＝コーヒー」という狭い枠組みからの脱却であると聞いたことがあります。ドリップコーヒー以外の商品を提供する戦略に関して、サービスを開始した当初は、アメリカではオペレーションがうまくいかず、「大混雑」「顧客満足が大きく低下」などと一部で不評の声が上がりましたが、現在は落ち着いているようです。

Key Issue 17
ここが論点！

まさに飛ぶ鳥を落とす勢いのスタバですが、同社の差別化ポイントを踏まえ、問題点および改善点について何か挙げることができますか？

ブランドを守ること vs 売り上げ拡大

先日、学生たちと、このテーマについて話をする機会がありました。そこでは、「フードメニューを充実させてほしい」といった問題点も指摘されましたが、ブランドに関する意見が多く挙げられました。具体的には、「自宅近くのスーパーマーケットの中にスタバが入ったけど、こうした場所への出店はブランドイメージが低下するのでやめたほうがいい」という意見や、さらに厳しい学生からは「大型ショッピングモール内でも、イメージ低下につながる」との指摘もありました。

プレミアム商品の研究でも、市場に枯渇感を与えることが重要であり、どこでも気軽に手に入る状態にはしないようにするべきとの指摘もあります。確かに、富山の環水公園や神奈川・鎌倉の御成町にある路面店は、スタバのイメージ向上に大きく貢献しているでしょう。

しかし、そうした場所に限定しての出店となると、立地条件が大きく制限され、さらに出店に伴う費用や時間に関しても深刻な事態となります。また、出店チャンスがあるにもかかわらず、思いとどまれば売り上げ拡大のチャンスを逃すことになってしまうため、企業にとっては非常に難しい決断となります。

「ファーストリテイリングがユニクロとGUを分けて展開しているように、スタバもモールに出店する店舗は別ブランド化させるべき」という学生からの意見もありましたが、別ブランドをうまく構築して定着させることができるかは、なかなか興味深いポイントです。

心地よい空間と時間の提供 VS 回転率の向上

また、「勉強していたら、店を出ていくように言われました」という学生の言葉には大変驚かされました。低価格を強く訴求するハンバーガーショップなどのファーストフード店ではよく聞く話ですが、スタバでもそのような「長居する客の追い出し」が行なわれているというのは、にわかに信じがたいことです。

というのは、スタバが重要視する理念のひとつに「サードプレイス（第3の場所）」というものがあります。ファーストプレイスは自宅、セカンドプレイスは職場を意味し、それらとは異なるサードプレイスで心地よい空間と時間を提供することがスタバのコンセプトであり、そこが他のカフェとの差別化ポイントのひとつとなっています。こうした考えと真っ向から対立する「長居する客の追い出し」が、回転率の向上のために実施されているわけです。

いまや世界を代表するカフェと言えるスタバですが、日本国内ではスタバを上回る店舗数を誇るドトールと単純にコーヒーの値段を比較すると、スタバはドトールのおよそ1・5倍です。この価格の「差」を消費者が許容するのは、コーヒー自体の味の違いよりも、上質な机や椅子、ゆとりあるスペースといった「店舗の雰囲気のよさ」により、いわゆる「**経験的価値**」を得ているからでしょう。

アメリカのシアトルにあるスタバ本社でスタッフにインタビューしたことがあるのですが、彼はスタバの強みに関して、コーヒー以上に「インテリア」「空間づくり」を強調していました。

こうした強みである「居心地のよさ」により、長居する客が増加して回転率が低下するというのは、なんとも皮肉な話です。シアトルでスタバをはじめとしてカフェを数多く回りましたが、日本とは違ってテイクアウトする客の多いことが強く印象に残っています。このようにテイクアウトの客が多ければ、仮に客席の回転率が悪くとも、店全体の売り上げはある程度の数字が残せるでしょう。また、長居する客の割合や時間が日本ほどはひどくないとも感じました。

こうした顧客の行動の相違は各国の文化や国民性、習慣に依存する部分も多く、ひとつの企業の力によってコントロールすることはなかなか難しいように思います。

スタバのサードプレイスというコンセプトは、アメリカでは比較的容易に実現できても、日本においてはスタバ人気が高まれば高まるほど、深刻な課題となってくるのかもしれません。

日本企業が海外進出する際に、進出先の国の文化や慣習などにより、日本で成功した差別化要因が通用しないケースは往々にして見受けられます。国際マーケティングの研究では「標準化（効率を重視して本国と同様の策を実施）と適応化（顧客ニーズの相違への対応を重視して当該市場に合わせた策を実施）をいかに調整すべきか？」ということがしばしば議論の対象となりますが、今回のスタバの事例もこうした問題の難しさを表していると言えるでしょう。

File 18

うどんチェーン カフェ事業への多角化戦略の盲点
熱い思いが差別化を強化する

セントラルキッチン方式（特定の施設で集中調理して各店舗へ配送する方式）をあえて排除し、「できたて」本物のうどんを低価格で提供するという差別化戦略のもと、急成長してきた大手うどんチェーンCが、新たにカフェ事業に着手しています。2015年11月現在、高松の一号店を含め6店舗ですが、今後、順次全国に展開を予定しているとのことです。

大手うどんチェーンの多角化戦略

この事例では、うどん店を本業とする企業の**多角化戦略**について考えていきたいと思います。

事業の多角化の代表的な事例と言えば、ミシンメーカーであった豊田自動織機の自動車事業（のちのトヨタ自動車）、花札やトランプのメーカーであった任天堂のゲーム事業など、数多く思い浮かびます。事業を多角化するメリットとしては、経営資源の有効活用、変わりゆく環境への対応などが挙げられます。

ミシンと自動車はもちろん異なる商品ですが、工業製品という共通点があり、ミシンの製造に関わる多くのノウハウが自動車の製造にも生かされています。また、トランプとゲーム機もまったく異なる商品ですが、おもちゃを扱う企業風土、玩具店への流通網などは有効に活用できたはずです。変わりゆく環境への対応に関しても、ミシンやトランプに固執したままであったならば、現在のトヨタや任天堂が存在しないことは明白です。

こうしたセオリーを参考にすると、うどんとコーヒーでは商品は異なるものの、飲食店のノウハウは有効に活用することができます。また、うどん事業において、将来、強敵が現れるかもしれませんし、うどんという食文化自体が廃れる（万が一ですが）などのリスク回避の面からも、カフェ事業への進出は正しいように思えます。

事前チェックでは百点満点

たまたま出張で高松に行くことになり、そのうどんチェーンに客として足しげく通っている筆者としては親近感もあるため、カフェ1号店を訪れることにしました。もともとカフェ好きでもあり、喜び勇んでの訪問となりました。

訪問前、インターネットで当該カフェの写真やメニューなどをチェックし、期待に胸が膨らみました。事前に収集した情報は以下のとおりです。

・店内焙煎のコーヒー

コーヒーマシンとハンドドリップの2タイプが用意され、スタバのコーヒーは苦すぎると感じる筆者にとって、ハンドドリップは救いの女神のようにも感じられました。しかも、コーヒー豆は店内焙煎、注文ごとに挽かれるというこだわりようです。この店内焙煎は、同チェーンの本業（うどん）における店内製麺を連想させます。

・湯種製法の焼きたてパン

パンも店内で焼かれており、しかも「湯種製法《ゆだね》」を採用しています。湯種製法とは、小麦粉を熱湯でこねて、小麦粉中の澱粉を糊化させる製法です。大手のパンメーカーは工場で大量生産するため、人気ベーカリーのようにおいしいパンのつくり方はわかっていても、それを実現できない状況でした。しかしながら、多くの問題点を克服し、湯種製法の導入により大ヒットしているパンが、敷島製パン（ブランド名はＰａｓｃｏ）の『超熟』です。こうした製法のパンが工場ではなく店内でつくって提供されるとなると、さぞやおいしいことであろうと胸が高鳴りました。

・**充実したフードメニュー**

スタバなどのシアトル系カフェでは提供されることのない、オムライスといったご飯もの、ナポリタンスパゲティなど、筆者好みのおいしそうなメニューが並び、期待感がさらに膨らみました。

・**落ち着いた雰囲気の店舗**

インターネット上の写真で見る限り、店内は余裕たっぷりの落ち着いたスペースのようです。

このような情報を手に、いざ店舗へ向かいました。非常に雰囲気のよい立地で、広い駐車スペースもあります。入店したのは平日夜で、客の入りは7割程度。ネットでの情報どおり、ウッディでゆったりした雰囲気です。店内のカウンターの前に立ち、メニューを確認しようと思うものの、メニューが見つかりません。すると店員が近寄って来て席に案内してくれました。筆者はすっかりセルフサービスと勘違いしていたのです。店員から手渡されたメニューを眺めると、どれもおいしそうですが、アイスコーヒーとカツサンドを注文しました。

もうちょい、がんばって!

ここから本題に入ります。

結論から申しますと、このカフェ1号店に対しては「もうちょい、がんばって!」というのが筆者の率直な感想です。しかしながら、カフェを気に入るか否かは、かなり個人の好みに左右されます。また、1号店でまだ試験的段階のため、これから改善されるとも思いますので、そういう前提で続きを読んでいただければ幸いです。

コーヒー（450円）はかなりのボリュームでした。しかしながら、薄いコーヒーが大好きな筆者ですが、それにしても薄すぎる印象でした。また大変細かくて恐縮ですが、ガムシロップがコンビニ・コーヒーで提供されるようなプラスチック容器に入ったタイプでした。個人的には安っぽく感じられ、好みではありません。さらに、コーヒーの量が多いため、普通に考えて1個では足りないと思います。

カツサンド（900円）もボリューム満点でした。味は悪くないものの、カツ、パンともに感動するほど、「おいしい！」とは残念ながら感じませんでした。ちなみに、一押しメニューは厚焼き卵のサンドウィッチということですので、それは感動的においしいのかもしれません。

店員の皆さんは愛想もよく魅力的でしたが、接客に関しては全体的にまだ不慣れな印象でした。また、広い店内を忙しそうに動き回る姿は気の毒と言いますか、失礼ながらカフェでくつろぐという雰囲気に不適切のように感じました。

多角化戦略の難しさ

前述したとおり、事業の多角化戦略は経営資源の有効活用、変わりゆく環境への対応など多くのメリットがあります。しかし、この戦略は机上では正しそうに見えても、実際に実行するとなると、なかなか難しいものだと改めて感じた次第です。

Key Issue 18
ここが論点！

多角化戦略の検討において、どのようなことが重要なのでしょうか？

まず多角化戦略の重要なポイントのひとつに自社の強みを生かすということが挙げられます。このチェーンのうどん店事業はセルフサービス方式で運営されているため、すでにその方式に関する多くの知見（オペレーションの効率化など）が蓄積されているでしょうから、カフェもセルフサービスのほうがよいのかもしれません。そうすれば、少なくとも自社の強みは発揮されます。

もちろん、対象とする顧客との兼ね合いは重要であり、価格設定からも若者メインというより、やや高い年齢層を主たるターゲットにしていると考えられ、フルサービスの方式が採用されているのでしょう。しかしながら、そうなると本業の強みが十分に発揮されず、つまりカフェ事業で先行する他社よりも効率的に質の高いサービスを提供できる根拠がなくなってしまうわけです。

一方、変わりゆく環境への対応という視点に立てば、今後、低価格競争がますます厳しくなり、安さを売りにする、うどんチェーンがうまくいかなくなった場合、高付加価値を提供するカフェ事業が、うどん事業に代わって企業を支えることになるかもしれません。しかし、こうした多角化のセオリーに関わるようなこと以上に、筆者が気になったポイントは以下の点です。

起業の王道に関して、もちろん儲かるか否かは重要な問題ですが、そうした計算より、「自分が好きで好きで仕方がないことを社会に広めたい」といった経営者の熱い思いが何より重要であると思います。そうした経営者の熱い思いは末端のスタッフ一人ひとりに浸透していくはずです。特にカフェという業態では、経営者の持つこだわりが商品や顧客へのサービスにおいて大きな「差」を生みます。今回のうどんチェーンのカフェは、店舗やメニューの構成などは素晴らしいのですが、個人的に大満足とまでいかなかった理由は、こういう点にあると思います。

香川県は「うどん県」ということで、滞在中、うどん三昧でした。どの店も、うどんに対する愛、こだわり、プロフェッショナリズムにあふれていました。たとえば、あるうどん店では、天かすが大きさごとに3つに分けられていました。「さすが本場」「さすがのこだわり」と大変驚いた次第です。このようなこだわりが、店の魅力、顧客満足につながっていくのではないでしょうか。

今回取り上げたうどんチェーンは、本業ではあえてセントラルキッチン方式を排除するという差別化戦略のもと、各店舗の中に製麺機を持ち込んで「できたて」本物のうどんを提供することにより、成功を収めています。その成功モデルをカフェ事業に適用し、ライバルに対して差別化を図っていく試みが先に示したコーヒーの店内焙煎などに見られるだけに、サービスを中心とした今後の改善策に期待したいと思います。

File 19

国民的ヒット商品『スーパードライ』リーダー企業アサヒビールが抱えるジレンマ

国内ビール市場においては、長きにわたりキリンビール（以下、キリン）の『ラガービール』のシェアトップという時代が続きましたが、現在ではアサヒビール（以下、アサヒ）の『スーパードライ』が首位に立っています。スーパードライの躍進により、一時は「夕日ビール」とまで揶揄されたアサヒの経営状況は一変し、いまや国内ビール系飲料市場においてシェアトップで営業利益も絶好調です。

こうした好調な企業を対象にSWOT分析を行なえば、多くの強みと機会が抽出される一方、弱みや脅威に関する項目はなかなか見つかりません。一方、不調の企業を対象とすれば逆の結果となります。

Key Issue 19
ここが論点！

ビール業界のリーダー企業となったアサヒの弱みと脅威には、どのようなものがあり、今後いかなる戦略を策定すべきでしょうか？

アサヒを取り巻く脅威はキリンの覚悟？

アサヒの脅威として真っ先に思いつくのは、ライバルの存在です。近年でこそ『ザ・プレミアム・モルツ』の大ヒットによりサントリーの存在がしばしばクローズアップされますが、筆者は長年にわたり首位の座を競い合ったキリンに注目しています。

キリンに興味を持つようになったきっかけは、極めて個人的な出来事です。筆者のゼミナールでは「マーケティングに携わる者はモノづくりもしっかりと勉強しなければならない」という口実のもと、毎年ビール工場見学を行なっています。中部地区にはアサヒとキリンの工場があり、隔年で一社ずつ見学し、２０１４年はキリンを訪問しました。

ビール工場見学の締めくくりは出来立てビールの試飲となるわけですが、ついにその試飲用ビールから『ラガービール』の姿が消え、『一番搾り』に一本化されていたことに大変驚きました。長年会社を支えてきた看板商品を引っ込めるには相当の覚悟が必要になるわけですが、それだけにキリンの本気度を目の当たりにし、「何かこれから新しいことが始まるのではないか」と予感しました。

その後、キリンは自社の商品戦略やマーケティングの強化を目的として、地ビールの最大手メーカーであるヤッホーブルーイング（以下、ヤッホー）と資本業務提携をしています。この提携の主たる目的である「成熟した大手企業が若い成長企業から学ぶ」というスタンスは非常に好感が持てます。2015年5月に全国9工場それぞれで製造されたご当地限定『一番搾り』が発売されましたが、こうした新たな取り組みは、ヤッホーからの学習が早々に実を結んだということかもしれません。

キリンに限らず、これまでの常識では、同じ商品である以上、工場間の差をなくし、どこで飲んでも同じ味がする商品を生産するというのが大手メーカーの基本的スタンスです。これに対して、地元の食文化や味の好みを熟知している各工場の醸造長らがそれぞれ工夫した地元ならではのつくり手の顔が見えるビールをつくるという取り組みは、まさに競合他社の商品との差別化を狙う「逆転の発想」で大変興味深いものです。こうした取り組みが功を奏し、２０１５年上期はビールの出荷量が23年ぶりに上向くという好結果につながっています。

リーダー企業の脅威に関しては、ビール業界に限らず、社会の大きな変化がよく取り上げられます。なぜなら、良きにつけ悪しきにつけ、リーダー企業が最も大きな影響を受けるからです。ビール業界に関わる社会の変化と言えば「若者の酒離れ」であり、非常に深刻な問題です。

一般にリーダー企業は市場拡大の際に最も恩恵を受けるため、本来なら積極的にビール市場拡大に努めるべきでしょうが、たとえばマス広告による大々的な「若者よ、たくさんビールを飲みましょう！」といったキャンペーンを社会が受け入れるとは考えがたく、現実的な対応とすれば、すでに行なわれているような低アルコールビールへの注力などにとどまるのかもしれません。

アサヒの弱みは『スーパードライ』の呪縛

キリンやサントリーといったライバルの動向以上にアサヒにとって深刻な潜在的問題は、アサヒ自身の弱みだと筆者は捉えています。具体的には、国民的ヒット商品『スーパードライ』という存在です。

たとえば自動車業界において、バブル期に人気を博した三菱自動車『パジェロ』はRV（レクリエーショナル・ビークル）ブームの1990年代、多くのユーザーから高い人気を誇り販売も好調でした。しかしながら、多くのヒット商品同様、RVブームが去った現在、売り上げは低迷しています。

三菱自動車としては、パジェロ以外の車種開発・強化など何か打つべき手があったのではないでしょうか。当時、パジェロの軽自動車版が発売される際、車名が一般公募されたのですが、結局『パジェロミニ』に決まったと発表されたとき、筆者は愕然としました。あくまでも筆者の推測ですが、当初は挑戦的に風呂敷を広げたものの、土壇場になり結局はそろばんを弾き、これ以上ない無難な選択を行なったのではないでしょうか。その後も『パジェロジュニア』『パジェロイオ』など、パジェロを冠とするネーミングの車種が次々と市場に投入されていきました。

もちろん、こうしたブランドの拡大はセオリーどおりで、ブランド価値の有効活用であることに間違いはありませんが、裏を返せば**大ヒット商品の呪縛**から逃れられず、他の車種へのパワーが削がれた可能性も否定できないのではないでしょうか。

スーパードライを追い越す商品を！

アサヒは発泡酒や第3のビールで他社より後発になりましたが、その要因は「業界のリーダー企業はより大きな経営資源の活用により巻き返しが可能であるため先行しない場合が多い」という常識に沿うものであるとも捉えられます。しかしそれ以上に、「スーパードライを守る」という意図が働いたのではないでしょうか。

さらに、プレミアムビールへの参入において、『ドライプレミアム』というネーミングはこれ以上ない正解の中の正解、まさにセオリーどおりの王道でしょうが、視点を変えれば、たとえそれが短期的利益を確実に最大化させるとしても、あまりに保守的な行動であるとも捉えられます。また、リスク管理の視点に立てば、万が一スーパードライをめぐる何らかの問題が生じた場合、強いつながりを想起させるドライプレミアムにも大きな負の影響を与えることでしょう。

大ヒット商品であるスーパードライの価値を長期にわたり維持していく戦略の重要性については決して否定しませんが、「スーパードライを追い越す商品はアサヒ自身がつくり上げる！」という気概が、ただでさえ保守的な行動になりがちなリーダー企業であるアサヒの活性化において重要ではないでしょうか。

マラソンで、先頭を走っているランナーが苦しそうな表情を浮かべているのとは対照的に、2番手のランナーが楽しそうに走っている——。これと同じような光景は、企業間の競争でもよく見られます。「スーパードライを自ら壊す！」という気概は、新たな差別化商品を生み出しながら、楽しく先頭を走るリーダー企業を誕生させるかもしれません。

File20

模倣することは悪ではない 差別化につながる積極的模倣戦略のすゝめ

韓国ドラマの日本リメイク版がヒット

2015年1月～3月に放送された連続テレビドラマ『銭の戦争』（フジテレビ系）は、全話平均視聴率13・4％と、不調に終わる連ドラが多いなかで好調に推移しました。個人的感想としては「スピーディな展開」「細かいことは気にしない」「おもしろければOK」と、韓国ドラマのテイスト満載で大満足でした。

しかしながら、このドラマは放送前から多くの人がヒットを予想していたのではないでしょうか。なぜなら、韓国で大ヒットしたドラマの日本リメイク版という情報が放送開始前から広まっていたからです。

少し前までは、日本はあくまでも韓国や中国にマネ（模倣）される国であり、決まり事のように「日本の素晴らしいものがまたマネされた」と嘆き悲しんでいたものです。しかし、いまや時代は変わり、日本が韓国をマネする立場になり、「韓国で大ヒット」がセールストークにまでなってしまう有様です。

Key Issue 20
ここが論点！

「模倣」の是非、「差別化」との関係について考えてみてください。

マネはよくないことなのか？

こうした状況に対して、「日本も落ちぶれたものだ。もう終わりだ」と嘆く人も多いかもしれませんが、筆者は極めて楽観的です。もちろん、世の中に存在しない革新的な商品を投入しヒットさせることができれば100点満点であり、ぜひすべての日本メーカーに目指してほしいと思っていますが、マネで成功したとしても70点ぐらいは付けてもいいのではないでしょうか。

筆者が、日本メーカーも時には積極的に模倣すべきだ、とはじめに感じたのは、2010年ごろに中国でテレビの市場調査を実施しているときでした。調査目的は、薄型テレビの国際市場で日本メーカーの影響力が急速に低下している理由を解明することでした。

いまでも鮮明に記憶しているのですが、中国で家電量販店を訪問してテレビ売り場を覗くと、そこには異様な光景が広がっていました。悪い意味で、日本メーカーのテレビばかりが目立っていたのです。

日本ではあまりお目にかかりませんが、薄型テレビの国際市場ではサムスンが強い影響力を保持しており、デザインにおいても先導する立場です。サムスンはいち早く液晶の周りを黒い樹脂ではなく、シルバーメタルで囲むデザインを採用し、現地中国の消費者から高い評価を得ていました。筆者が訪問した時期にはちょうど中国メーカーをはじめ、他の海外メーカーもサムスンのシルバーメタルのデザインを模倣していたなか、日本メーカーだけが従来の黒い樹脂で囲むデザインを固持していたのです。

もちろん、デザインは個人の嗜好に大きく左右されるわけですが、その場にいた販売員も「日本メーカーの液晶画面自体は素晴らしく、自分は使用しているが、あのデザインでは中国の消費者には受け入れられない。なぜ変えないのだろう？」と語っており、日本メーカーのテレビは時代遅れという印象を強く受けました。よって、デザインは模倣し、液晶画面で差別化する戦略も悪くはないと感じていました。

それから、時は流れ、日本メーカーからシルバーフレームのテレビが発売された際は個人的に大変喜ばしく、また、お掃除ロボットが日本メーカーから発売された際も「積極的模倣戦略、どんどんいきましょう！」と勝手に応援していました。

いつから日本はそんなに偉くなったのか？

しかしながら改めて考えてみると、こうした模倣戦略は戦後、欧米に必死にキャッチアップしてきた日本のお家芸だったのではないでしょうか。批判的な言い方をすると、いつから日本はそんなに偉くなってしまったのでしょうか。

もちろん、イノベーションを重視する戦略に異論はなく、他社商品を圧倒的に上回る機能的価値を持った商品を開発し、高く売って大いに儲けてほしいと思いますし、とりわけ人件費をはじめ高コスト体質にならざるを得ない日本メーカーにとって、極めて重視すべき戦略であると考えています。

しかしながら、「前のイノベーション」から「次のイノベーション」の成功までの期間など、日々の糧を確実に稼ぐために、**したたかな積極的模倣戦略**の採用も、選択肢のひとつとして準備しておくべきではないでしょうか。

何もかもすべてオリジナルによって高い模倣障壁を築くことに加え、自社のオリジナルと他社からの模倣をうまく組み合わせることも、差別化要因の実践的創造法として重要であるかもしれません。

「模倣戦略＝レベルが低い、かっこ悪い」という呪縛から解放されることも、厳しい競争環境を乗り切るためには重要なのではないでしょうか。

File21

差別化のために、ＰＯＳシステムをどう活用し、逆にどう「活用しない」か？

ＰＯＳとは？

もともとキャッシュレジスターは単なる大きな計算機のようなもので、商品ごとの金額を入力し、合計金額がわかるというだけのものでした。

しかしながら、現在では、コンビニエンスストアをはじめ、多くの店において商品のバーコードを読み取るだけで、もはや金額の入力すら必要のなくなったＰＯＳ（Point of Sale）システムが広く普及しています。

Key Issue 21
ここが論点！

こうしたPOSのメリット・デメリット、差別化のための有効な活用方法について、どう考えますか？

もともとPOSはアメリカで店員の金額の入力ミスや不正を防ぐために開発されたシステムですが、日本に導入され、その用途は飛躍的に拡大しました。POSは単に合計金額だけでなく、いつ、どの商品が何個売れたか、ということまで教えてくれます。つまり、POSを受発注システムと統合させることにより、品切れや過剰在庫を最小化させる効率的な在庫管理が行なえるようになったわけです。

セブンの成功の裏にはPOSがある

本書でもFile2などで取り上げていますが、現在、絶好調のコンビニ王者、セブン‐イレブン（以下、セブン）も開業当時は大層苦戦したようです。その要因のひとつに在庫管理の問題がありました。当時の日本では、問屋からの仕入れは大きなロットにまとめられていたため、狭い倉庫しか持たないコンビニ各店舗では扱える商品が限定されていました。新商品を納入したくても、各店舗には在庫の置き場はなく、逆に消費期限切れで廃棄する商品も多かったようです。

こうした状況に対して、セブンは小分けでの商品納入を志向するようになります。そのために店舗を特定のエリアに集中して出店するドミナント戦略を実行します。一店舗当たりの量は少なくとも、エリア全体の店舗を合わせるとかなりのボリュームとなり、しかもドミナント戦略により各店舗が近くに集積しているため、問屋も小分け配送を了承したわけです。

しかしながら、小分け納入の実現にはもうひとつ重要なポイントがありました。それは随時、注文数を確定しなければならないということです。そのためには、どの商品が何個売れたかという情報を把握しなければなりませんが、従来の合計金額のみがわかるキャッシュレジスターには、そうした機能がありません。よって、当初は手作業で集計していましたが、これはもちろん大変な手間がかかります。こうした集計作業をＰＯＳは自動化してくれたわけです。

POSによって実現した「仮説検証型発注」

また、鈴木敏文会長がセブンの強みとして、しばしば指摘している「**仮説検証型発注**」もPOSにより実現しています。従来、セブンを含めチェーンストアは本部の指示に従い、仕入れを行なってきましたが、POSの活用により、各店舗の過去の販売データを蓄積できるようになりました。たとえば、前年同月の販売データに天候に関する情報などを加味した発注品目および数量の決定（仮説）、その後、実際にどういう販売結果になったかを分析し（検証）、次の発注に生かすというサイクルが仮説検証型発注の仕組みにおいて誕生しています。

こうした仕組みは、単なる品ぞろえや在庫管理といった領域を超え、ただ本部からの指示に従うのではなく、各店舗が自ら主体的に発注できることになり、それに起因してスタッフのモチベーションが大きく高められた、と言われています。

さらに近年、急速に普及してきている『ナナコ』や『ポンタ』といった電子マネーとして使えるポイントカードの情報とＰＯＳを組み合わせれば、「いつ」「何を」「何個」に加え、「誰が」という情報も加味されるため、今後さらに発展したマーケティング施策が展開されることでしょう。

ＰＯＳの弊害

では、ＰＯＳによる弊害（悪影響）というものはないのでしょうか。ＰＯＳのメリットは、何が何個売れたかが瞬時にわかることです。裏を返せば何が売れていないかも簡単にわかってしまいます。たとえば、新商品の場合、ＰＯＳが存在しなかった昔であれば大きなロットで入荷され、毎日販売状況を確認するような小売店も少なく、売れていなくてもある程度の期間は店頭に並べられていたものの、ＰＯＳによる厳格な管理では、売れていない商品はあっという間に店頭から外されてしまいます。

大手メーカーであればテレビ広告などのプロモーションにより、新商品に対する需要を一気に喚起することも可能でしょうが、通常、中小のメーカーにそうした力はありません。積極的な広告展開などしなくても、以前なら、たとえば商品のおいしさが口コミで広がり大ヒットとなることもあったでしょうが、ＰＯＳによる管理はそうした状況を許してくれそうにはありません。中小メーカーにとっては頭の痛い問題でしょう。

ＰＯＳに「依存しすぎない」という差別化

書店でありながら、数多くの雑貨を扱い、ショッピングとアミューズメントを融合させた店舗展開を図り、若者を中心に人気の高いヴィレッジヴァンガードの売上高が回復してきたとの記事を先日、日本経済新聞（２０１５年10月9日付け）で見かけました。

記事では、その要因としてＰＯＳの導入を挙げていました。以前の発注は店舗ごとに個性が出るように店長の勘や経験に１００％依存していたものの、店舗の増加により経験の浅い店長が増え、売れ残りが目立つようになり、業績が悪化していたようです。そこで同社はＰＯＳを導入したのですが、ＰＯＳに１００％頼るのではなく、たとえば需要予測が立てやすいショッピングセンター内の店舗では積極的に活用するものの、路面店やファッションビル内の店舗など流行感度の高い若者が集まる店舗ではPOSに依存しすぎない、従来の個性的な店づくりを目指すとの社長のコメントがありました。

POSが当たり前になってしまった今日の小売業における競合他店との差別化においては、このように「**POSを積極的に活用する範囲と逆にあえて活用しない範囲の見極め**」が重要になるのかもしれません。

Chapter 4

「差別化」思考を強化する仕組みづくり

File22

ヒット商品を連発する花王模倣できない理由は組織体制にある

「イノベーション力の高い企業」と聞いて、読者の皆さんなら、どのような企業を思い浮かべるでしょうか。

いまなら、やはり米アップル、一昔前ならソニーといったところでしょうか。

筆者は、花王に注目しています。洗剤の量を4分の1にまで減らした世界初のコンパクト洗剤『アタック』、日本の家庭で定番商品とも言えるフロア用掃除用具『クイックルワイパー』、脂肪を消費しやすくするという機能により、特定保健用食品の指定を受けた『ヘルシア緑茶』など、花王はいままで市場にはなかった、ユニークで高い機能的価値を持つ革新的な商品を次々に開発しています。

Key Issue 22
ここが論点！

競合他社を圧倒する革新的な商品を次々に生み出すために、どのような組織体制が有効であると考えますか？

マーケティングを専攻している筆者は、ついつい消費者ニーズに目が行きがちですが、もちろん、そうしたニーズに応える、もしくは顕在化したニーズをはるかに上回る革新的な商品を生み出すための企業における**技術シーズ**（種／技術力、ノウハウなど）は重要な要素です。

単に消費者からの求めに応じて商品を開発するというスタイルは、異なる視点から捉えると、競合他社も容易に製品化できる場合が多いと考えられます。一方、消費者ニーズへの注目と自社独自の技術シーズにより完成した商品ならば模倣困難性も高く、長きにわたり市場で大きな影響力を保持することが可能になります。

技術シーズをいかに有効活用するか？

実際、大企業には特許のほか、多くの技術シーズがあるはずですが、そもそも自社にどのような技術シーズがあるのかさえ把握できず、よって当然のことながら、うまく商品化に活用できていない例は山のようにあるのではないでしょうか。

また、マーケティングの視点に立てば、顧客志向は極めて重要であり、たとえば顧客が商品の性能には十分に満足しているものの、サイズが大きいと感じていれば、小型化するための改良を行なうのは当然のことです。しかし、エンジニアにとっては、商品を小型化させるよりも、性能を飛躍的に向上させるような研究に精力を傾けたいというのが常ではないでしょうか。つまり、エンジニアが取り組みたい技術志向と、企業の利益貢献のために行なわなければならない顧客志向とが相反するケースが往々にして生じるということです。顧客ニーズにマッチした革新的な商品を次々に投入している花王は、もちろん研究開発自体に優れた点も多々あるのでしょうが、技術志向と顧客志向を調整するマネジメントに長けたメーカーであると筆者は見ています。

シャンプー『アジエンス』に結実した研究所の知見

２００３年に花王が発売した『アジエンス』は、ボリュームゾーンのシャンプーよりも高価格であるにもかかわらず、大ヒットとなりました。もともと、花王には『メリット』という日本の定番シャンプーとも言える商品がありました。しかしながら、メリットは主婦が家族のために買うシャンプーであったため、女性が自らのために購入するシャンプーを開発するプロジェクトが立ち上がり、これがアジエンス開発のはじまりです。

当時、こうしたシャンプーと言えば欧米のイメージの強い商品が大半でしたが、花王は東洋のイメージを強く打ち出した商品を展開することにしました。「外から足りないものを補う」のではなく、「内面から美しく」という東洋美容の考え方に基づいた東洋人ならではの美しさを強調する狙いもありました。また、消費者へのリサーチを踏まえ、「結っても跡がつかないほどの洗い上がり」を実現できる高い弾力性を持つ商品を、機能性におけるメインのコンセプトとしました。

そのためにアジエンスでは、まず東洋のイメージに関して、単に東洋を感じさせる成分を加えるというレベルにとどまらず、髪に対してよい効果を持つ、大豆、真珠プロテイン（補修成分）、米、朝鮮人参（保湿成分）、ユーカリ（保護成分）を配合しています。こうした成分の選択や抽出に関しては、ヘルシア緑茶の開発過程で植物成分を分析し、豊富なデータを揃えていた生物化学研究所の知見が生かされています。

また、高い弾力性に関しては、衣料用の柔軟剤に使われる活性剤に関する豊富な知識を有する素材開発研究所と共同で応用研究を行なった結果、実現しています。このようにアジエンスの開発には、**さまざまな社内の研究所の知見がうまく活用されているわけです。**

花王は基本的に事業部制であり、商品ごとに開発などの機能が分かれているものの、こうした基礎研究を担う研究所は、どの商品（事業部）にも属さない組織形態となっており、基盤技術系の研究所（生物化学研究所や素材開発研究所など）と商品開発系の研究所（ヘアケア研究所など）が交差するマトリックスが構築されています。仮に基礎研究を担う研究所がどこかの商品群を扱う事業部に属していたならば、当然のことなから、積極的に他の商品群を扱う事業部に協力する必要はなく、円滑に事が進まないケースも往々にしてあるはずです。

たとえば、ある家電メーカーのテレビデオ（テレビとビデオが一体化した商品）の開発が遅れた主たる原因として、事業部制が問題視されたこともありました。一方、花王では基礎研究に関する知見を全社的に共有化しやすい組織が構築されているわけです。

また、技術者の評価に関して、取得した特許数などで評価してしまう企業も多いようですが、花王ではいかに商品化に貢献したかで評価されます。よって、まるで営業マンのように「自分はこんな研究をしているが、何か商品化に貢献できないか」と技術者が売り込みに社内を回ることも少なくはないようです。

こうした組織づくり、人事評価の仕組みも、花王における顧客ニーズにマッチした革新的な商品の誕生に大きく貢献していることでしょう。それらは、競合他社を圧倒する他社との「違い」を生む差別化戦略の重要ポイントと捉えられます。

File23 グーグル　創造力を育む、他社とは異なる職場づくり

検索エンジン市場で圧倒的な強さを見せつけているグーグル。世界的に見ても、グーグルの影響力が及ばない国は、おそらく中国くらいでしょう。

こうした状況は業績にも見事に反映され、２０１５年第2四半期の決算発表によると、グーグルの売り上げは2兆円を超え、純利益は５０００億円に迫っています。さらに、ＩＴ事業にとどまらず、自動車の自動運転や医療など、最先端のテーマにも多角的にかつ積極的に取り組んでいます。

設立20年に満たない、この企業の大躍進ぶりに、筆者も以前から興味がありました。そして２０１５年8月、アメリカのグーグルのオフィスを訪問し、友人であるスタッフから説明を聞く機会を得ました。

Key Issue 23
ここが論点！

積極的にアイデアが創出され、実行されていくグーグルでは、どのような雰囲気づくりやマネジメントが行なわれているのでしょうか?

超カジュアルなオフィス

筆者が訪問したのは、カリフォルニア州マウンテンビューの本社ではなく、ワシントン州フリーモントのオフィスです。グーグルのオフィスは世界40カ国に70以上ありますが、フリーモントのオフィスは、近郊のカークランドオフィスと合わせるとスタッフ数が3000人を超え、マウンテンビュー、ニューヨークに次ぐグーグル内で3番目の規模になっています。

いまや世界中にオフィスを構えるグローバル企業は珍しくありませんが、一般的なグローバル企業の場合、開発部門は本社や開発センターなどに集中させ、各所に営業部門を配置するというケースが主流です。

しかし、グーグルは開発部門も各所に振り分けています。この点に関して、「効率が低下することは認識しているが、才能ある人材を確保するためには有効な手段である」というのが、スタッフの見解でした。

また、フリーモントにオフィスを開設したのは、伝説的プログラマーを採用する際に「地元であるフリーモントにオフィスがあれば、グーグルに就職してもいい」と、そのプログラマーから言われたことが理由だというエピソードもあります。

フリーモントのオフィスはシアトルから車なら20分程度で、川沿いの素晴らしい環境に立地しています。そのため、仕事帰りにカヌーを楽しむスタッフも少なくないようです。

このオフィスには、カジュアルという言葉がぴったりでした。いたるところに、卓球台などの遊具施設、フード・ドリンクコーナーが配置されています。

この雰囲気をどう表現すればいいのか難しいところですが、世界中の人が集まり和気あいあいと談笑している、まるでヨーロッパのユースホステルの共同スペースのように感じました。こうしたグーグルの雰囲気づくりは、スタッフ間のコミュニケーションが円滑に進むように、という狙いがあるようです。

以前、マイクロソフトの本社を訪問したことがあるのですが、一人ひとりに個室が与えられており、「さぞや仕事に集中できるだろうな」と感じました。一方、グーグルのオフィスはデスクになんの仕切りもなく、各スタッフには高さが自由に変えられる机と椅子が与えられているだけでした。高さが変えられるため、立ったまま仕事をしているスタッフも数多く見受けました。同じアメリカのIT業界の企業でありながら、グーグルとマイクロソフトとの対照的な雰囲気に戸惑うばかりでした。

グーグルが大切にしている10の事実

「世界中の情報を整理し、世界中の人々がアクセスできて使えるようにすること」

これは、有名なグーグルのミッションですが、同社はこのほかにも「**シンプルであ**

ること」を重視しています。グーグルがサービスを開始した当時、ある記者が創業者のラリー・ペイジCEO（最高経営責任者）に「なぜ、グーグルのサーチエンジンのデザインは他社と異なり、超シンプルなのか？」と尋ねると、「自分は、あまりHTMLに詳しくないから……」という答えが返ってきたそうです。

シンプルであることは、いまもグーグルにとって重要な要素となっています。たとえば、さまざまな情報サービスにおいて、シンプルであることは速度を高めます。そして速ければ速いほど、ユーザーエクスペリエンス（顧客経験）も上がるというわけです。

また、筆者を案内してくれたグーグルの友人は、製品開発部門のユーザーエクスペリエンスに関わる部署に所属しているのですが、彼の部署をはじめ、グーグルの多くの部署で重要視されていることとして、以下の3つを紹介してくれました。

Be bold and experiment…and learn from it

（勇敢にどんどん試そう、そして学ぼう）

Delight is a great goal

（楽しみは素晴らしいゴールである）

Get started now!

（すぐに取り掛かろう！）

ひとつ目の「Be bold and experiment…and learn from it」は、サントリー創業者である鳥井信治郎氏の精神「やってみなはれ」の英語訳としてもぴったりだと感心してしまいました。

こうしたスローガンのもと、グーグルでは、あるプロジェクトが失敗に終わっても、そこで得た学びを生かし、次のプロジェクトの成功につなげるケースが非常に多いようです。

また、エンジニアが出したアイデアが市場ニーズに合わないと判断され、不採用になったとしても、「では、これは？」と次々に新しいアイデアを出してくるのが常のようです。

グーグルの理念に関しては、「**グーグルが掲げる10の事実**」として、以下のものが紹介されています。

① ユーザーに焦点を絞れば、他のものはみな後からついてくる
② ひとつのことをとことん極めてうまくやるのが一番
③ 遅いより速いほうがいい
④ ウェブ上の民主主義は機能する
⑤ 情報を探したくなるのはパソコンの前にいるときだけではない
⑥ 悪事を働かなくてもお金は稼げる
⑦ 世の中にはまだまだ情報があふれている
⑧ 情報のニーズはすべての国境を越える
⑨ スーツがなくても真剣に仕事はできる
⑩ 「すばらしい」では足りない

グーグルのオフィスを訪問し、直接スタッフから話を聞いたうえで、改めてこの「グーグルが掲げる10の事実」を読むと、多くの点で「いわゆる『絵に描いた餅』ではな

く、見事に実践されている」と感じます。

こうしたグーグルの理念は、ＩＴ業界にとどまらず、競合他社との差別化を志向する他業界の企業にとっても大いに参考になるのではないでしょうか。各項目の詳細が気になる方は、以下のグーグルのウェブサイトにアクセスしてみてください。

https://www.google.com/intl/ja_jp/about/company/philosophy/

File24

競合他社を圧倒する「違い」を生むダイキンの日本型成果主義人事制度

日米韓ドラマの国際比較

私事で恐縮ですが、筆者はかなりのドラマ好きです。日本だけでなく、海外のドラマもよく観ます。

アメリカのドラマは、最先端の雰囲気で、話の展開、カメラワークなど、まさに「クール！（かっこいい）」と感じてしまうこと、たびたびです。アメリカは日本の2倍以上の人口を有し、またカナダ、オーストラリア、イギリスなど、ほかの英語圏を加えれば、日本のドラマの視聴対象者との規模的な差は10倍では済まないでしょうから、それだけ時間やお金をかけることができるのでしょう。もちろん、クリエイティビティというものを非常に大事にする教育や文化、ドラマに関する歴史や伝統の差も大きいと思います。

一方、韓国ドラマはクールとは対極に位置しています。とにかく、視聴者をドキドキさせる、その先を気にかけさせる。つまり、何がなんでも視聴率を取り続ける。そのためには突然の深刻な病の発症および急回復、偶然が重なるにも限度があるだろうとあきれ果てるほどの出会いや、すれ違いが満載です。一言で言えば、実にベタベタとした雰囲気に満ちあふれています。しかしながら、こうした雰囲気に筆者をはじめ、多くの日本人およびアジア人が虜になっていることは事実です。

最後に日本のドラマの印象はなんとも表現しにくいのですが、無臭でしょうか。大変恐縮ながら、よくも悪くも心に何も響かないものが多いと感じてしまいます。以前の日本なら、韓国ドラマのようなベタベタはお手の物だったのでしょうが、生活が豊かになり、それなりに上等になってしまった現代の日本人は「何がなんでも視聴者に媚びるぞ」とはならず、成果第一には行動しなくなってきているように思えます。かといって、アメリカドラマのようなクールなものがつくれるかと言えば、まだまだ日本のクリエイティビティのレベルは一部の人を除けば、それほど高くはなく、「クリエイティビティの民主化」には程遠い状況です。

以上、なんの専門知識も持たない素人の戯言ですが、こうしたことは一般の企業の経営にも当てはまるのではないかと思われます。歴史的にも極めて中途半端な状況にいる日本人を鼓舞するには、人事評価の仕組みの見直しが重要になるはずです。

Key Issue 24
ここが論点！

日本企業が成果を追求する組織となるために、どのような人事評価の仕組みがよいのでしょうか？

失敗に終わった成果主義人事

バブル崩壊後の1990年代後半、このままではいけないと日本の企業も変革を模索していました。そうした取り組みの中にアメリカ発の成果主義人事がありました。

それまでの日本の人事評価制度と言えば、営業などの業種を除けば、年齢や経験年数による年功序列型が一般的でした。大雑把に言えば、仕事ができてもできなくても、あまり給料は変わらない。会社と従業員の関係を親と子にたとえることもよくありました。親は子供のできがよかろうが悪かろうが、差はつけません。それどころか、差をつけるのはむしろいけないことと、一般的には捉えられています。

一方、成果主義型はまさにその名のとおり、成果に合わせた報酬システムです。このシステムでは、まず各自が担当している職務に対して報酬の幅が決められ、その職務の達成度に応じて、給与が支払われます。企業の目的は利益の最大化であり、利益貢献に応じて給与が決まるというのは実にもっともなことです。通常、人間には個人差はあるものの、誰にもがんばり屋の部分と怠け者の部分があり、年齢で給与が決まるとなれば、残念ながら成果を追い求めなくなる場合も多いでしょうから、そういう意味でも成果主義は理にかなっています。

とはいえ、個々の成果の追求ばかりがクローズアップされると、たとえばクラス中が点取り虫ばかりになってしまった場合、そうした組織が全体として本当に高い成果を出せるのかは確かに疑問です。したがって、さまざまな工夫が必要になるでしょうが、それでもこうした成果主義のマイナスな点のみを強調して、何も改革しないとなれば、まさに怠け者の思う壺です。おおむね既得権者はこうした論調に乗っかり、改革を邪魔するパターンが多いものです。

しかしながら、バブルが崩壊し、旧来の制度を一新すべく導入された成果主義人事は、失敗に終わるケースが目立ちました。もちろん、新たな仕組みを定着させるには長い時間をかけて修正を重ね、粘り強く行なわなければなりません。しかし、そうしたこと以上に、時代背景的に成果主義人事が成果をもとに評価するという本来の意味を忘れ、単なるリストラの材料にされてしまったケースが多くありました。つまり、成果主義人事は降格や減給の手段にされたにすぎなかったわけです。

こうした背景のもと、成果主義に対してはマイナスなイメージが完全に定着してしまい、現在に至っています。しかしながら、今後、より本格化してくるであろう厳しいグローバルな時代を勝ち抜くために、成果というものを尊ぶ雰囲気が熟成される必要があることは明確であり、そうした人事システムが導入されなければなりません。

つまり、日本に根強い**「悪しき平等主義」からの脱却**です。もちろん、公平な機会は与えられるべきでしょうが、そのうえで出た結果である成果に対して個人がきっちりと責任を取る必要があるでしょう。

では、日本の企業において、悪しき平等主義を脱して成果を尊ぶ雰囲気を熟成させるには、どのような仕組みが適しているのでしょうか。

ダイキンの「例外管理」

日本経済新聞（2015年8月31日付け）に、世界トップの空調総合メーカー、ダイキン工業の会長である井上礼之氏の興味深い話が掲載されていたので、その概要を紹介します。

「日本には資質のある優秀な若者がたくさんいるが、5年ほどで組織の風土に染まってしまう」

「好奇心が旺盛で行動力のある若い人材が失敗を恐れ、新しいことに挑戦しなくなるのは20代後半ぐらいからだ」

このような問題意識のもと、ダイキンは入社2～5年目ぐらいの若手から資質があると見込んだ社員を毎年10人前後選び、幹部候補者として育成するプログラムを導入しています。指揮命令は配属先の上司ではなく会長と社長であり、たとえば「ミャンマーに進出する。どんな販売網を構築すべきか」などの課題を与え、海外に派遣して戦略案を提出させます。資格や賃金は同期入社の他の社員と差をつけず、幹部候補者に修羅場で経験を積ませようということが狙いになっています。

従来のように一律の人事マネジメントで人材を育てるには限界があるものの、かといって年功色が濃い人事制度を廃止し成果型の人事制度に移行するのは難しい。そこで、既存の人事制度を残し、必要に応じて特定の人材だけを「**例外管理**」で育てるという複数の道を用意するほうが日本ではうまくいくとの考えのもと、その人事制度は実行されています。

また、「一流の戦略をつくっても時間がかかりすぎ、商機を逃しては意味がない。『二流の戦略、一流の実行力』でいい」「走りながら柔軟な発想で戦略を修正していく。それぐらいの勢いで挑まなければ、世界の戦いには勝てない」といった井上会長のコメントも成果を上げるための知見に満ちあふれています。

もちろん、報酬としてのお金はすべての働く人にとって重要な問題です。しかしながら、働くことにおいて、お金が一番にくる人はそれほど多くはないと思います。それよりも、挑戦できる機会が得られ、正当に評価されることを多くの人が望んでいるのではないでしょうか。

したがって、ダイキンのようにお金と直接結びつけない人事マネジメントではあっても、大きな効果をもたらすのではないかと思います。こうした健全な成果主義が試行錯誤を重ね、日本企業に根付けば、社員個人、また組織として成果を上げるために差別化を重視する行動がより一般化してくるのではないかと期待しています。

エピローグ

「考え抜く」しかない

◎差別化戦略は個人の「考え抜く力の強化」から

筆者はカフェなどで書いたり、読んだりすることが多いのですが、大変恐縮ながら、他の席から耳障りな会話が聞こえてくることがあります。

その耳障りな会話の第1位は、新聞やテレビなどで広く報道されている、ありきたりのことを、あたかも自らの考えであると勘違いし、強く主張している方々の話です。

そのようなとき、「いやいや、それは一般によく言われていることなので、その先、つまり、あなた自身はどう考えているのか、という**オピニオン**を聞かせてください！」

と思わず会話に割り込んでしまいそうになります。

インターネットなどによって情報化が進展した現代社会においては、先ほど例示したような「知っているか否かの価値」は大きく低下し、さまざまな事象に対して、自らが考え抜き、オピニオンをしっかりと固め、それを他人にどう伝えていくのかが極めて重要になってきています。こうした点を踏まえ、読者の皆さんに、考え抜く力や創造する力を養っていただきたいという思いで本書を執筆しました。

また本書では、競合他社との「違い」をつくる差別化をテーマとしましたが、この「差別化」という言葉は、もともとは同質の競争を行なっても、規模の経済などの影響により、リーダー企業には勝てないチャレンジャー企業の戦略という文脈で述べられてきました。しかしながら、変化が激しく、熾烈な競争が展開されている現代の市場環境において、「差別化」志向は、業界でのポジションに関係なく、つまりチャレンジャー、フォロワー、ニッチャーに限らず、リーダー企業でさえも、企業の将来を左右する戦略を策定するうえで欠かすことのできないものになってきています。

競合他社を圧倒する差別化戦略は、本書で繰り返し強調してきた**「個人の考え抜く力」**から生まれることに間違いありません。

本書の最後は筆者が10年近く講師を務めている異業種研修会に基づく事例で締めくくりたいと思います。講師と言いましても、参加されている実務家の方々から教わることのほうが断然多く、ただただ恐縮するばかりなのですが。

考え抜いた結果、生み出されたアウトプットは、必ず他人をドキドキさせるはずであるという信念のもと、次の最終事例を紹介します。

File 25

「凡人は筆を選び」、たくさん汗をかき、ドキドキさせるしかない

優秀な若手実務家の集まり

ありがたいことに、筆者のような者でも企業研修の場で講師をさせていただく機会がごくまれにあります。学生とは異なり、企業の方が相手となると、それはもう気を遣うわけで、研究者および教育者としての自らの役割を再確認する貴重な場として有効に活用しています。

たとえば、毎年開催される異業種研修会では、いわゆる一流企業に勤務する20代後半の若手実務家の方々を主たる対象に5月から月1回のペースで会計や経営戦略やマーケティングなどの講義が行なわれており、筆者はマーケティング・経営戦略に関わ

る講義を担当しています。参加している実務家の皆さんはお世辞抜きに優秀な方ばかりです。

とりわけ、学生と比較してレベルが違うと感じるのは、こちらの質問に対して答えるまでのスピードです。その他、話し方、根拠づけなども素晴らしく、大学を卒業し、わずか2～3年でこれだけの差が出るということに「会社のすごさ」、裏返せば「大学の悲しさ」を痛切に感じてしまいます。しかしながら、大学では生徒はお金を払うお客さん、会社では社員はお金をもらう労働者ですから、立場の違いから生じる意識変化に伴い、こういう結果になるのは当然と言えば当然かもしれません。

この企業研修の最後には、3カ月かけたグループワークの成果発表および評価がコンペ形式で行なわれます。審査員は参加者の職場の上司の方々を中心に構成され、本気度が増す工夫が施されており、筆者も審査員の一人として参加しています。グループワークの内容は各グループにおいて、どこか特定の企業を取り上げて、経営戦略やマーケティング戦略といったビジネスプランを提案するというものです。

Key Issue 25
ここが論点！

どのようなビジネスプランなら、コンペに勝てると思いますか？

凡人は筆を選べ！

「弘法、筆を選ばず」とよく言われます。また、日本人のメンタリティはどんな対象や手法でも、努力によって、よい成果が出せると考えがちです。確かに、こうした発想は美しいとは思いますが、勝つことへの戦略性という視点を大きく欠いています。人間の能力にそれほど大きな差はないでしょうし、投入できる時間も同程度でしょう。

ですから、まず「**おいしいネタ**」を全力で探してほしいと思います。ビジネスプランの提案で言えば、たとえば、いまは絶好調であっても、今後、強敵や代替品の登場など、深刻な脅威が訪れそうな企業を見つけ出すのです。

うまくできたもので、好調ではあるものの、深刻な脅威や弱み、逆に絶不調ながら潜在的な強みを持つような企業はなかなか見つからないとは思いますが、だからこそ、この点に注力すべきです。世の中にはさまざまな仕事がありますが、我々研究者とは異なり、おそらく多くのビジネスパーソンは自らが取り組むテーマを決定することはできず、目の前にある業務をいかにうまく行なうかに忙殺されていることでしょう。けれども、一歩引いて自分の仕事自体を客観的に見つめ、それ自体を変化させることはとても大切であり、こうした取り組みは今後の自らの本業に生かされるはずです。

汗をかこう！

ＩＴ化が進展している現代においては、あらゆるデータがインターネット上に掲載されています。しかしながら、そうしたところから持ってくる借り物のデータと、自らが足を使って企業や消費者に直接インタビューやアンケートを行なって作成したデータとでは、重みがまったく異なります。自ら調査してデータを作成することにより、借り物のデータでは見えなかった点が明らかになるケースも往々にあるはずです。このようになれば自然とオリジナリティに富む分析や提案につながるはずです。

優秀な人はそれだけ多くの知識を持ち、一般的なセオリーやパターンなどを習得している場合が多いようです。これは重要なことですが、裏を返せば、自らではあまり考えず、対象としている企業にいかにフィットした戦略を構築するかを忘れ、「こういう場合はこういうパターンだよね」と立ち止まらずに処理してしまう傾向があるような気がします。そうして導出された戦略には致命傷こそないかもしれませんが、なんかどこかで聞いたような話、つまり競合他社に対する競争優位性の創出にはつながらない場合が多いでしょう。

臆病にならずに、ワクワクさせて！

先ほどの企業研修におけるグループワークの審査項目には、論理性や実現可能性など、実にセオリーどおりの正しい項目が並べられており、それらに対して筆者はなんの文句もありません。

しかし、事務局には怒られてしまうかもしれませんが、筆者は勝手にワクワク度という独自の審査項目を追加設定しています。論理性や実現可能性の点数はこのワクワク度に応じて従属的に振り分けています。なぜなら、参加者の方々は優秀ゆえ、論理性や実現可能性などの項目では、あまり差をつけることができないからです。また、個人的な感想として、論理性や実現可能性などはもちろん重要なファクターですが、何か点取りゲームっぽいとも感じてしまっています。

それに比べて、ワクワク度でよい点を取ろうと思うと、まず「**凡人は筆を選べ**」精神でよいネタを探し出し、いっぱい汗をかいて自らがデータをつくり出し、オリジナリティに富む提案を行なってもらわなければなりません。**小手先のことで人の心は動きません**から当然です。

他人をワクワクさせるために必要なはじめの第一歩は、ワクワクさせられなかった場合のリスクをすべて自らがしっかりと引き受ける覚悟を持つことでしょう。たとえば、誰かを笑わせようとしたが滑ってしまった場合、それはなかなか恥ずかしく、時には辛い場合もあるはずです。だからといって、誰かが言ったことをそのままなぞったり、少し付け加える程度では決して大きな笑いにはつながらないはずです。

近年、ＫＹ（空気を読む）といった言葉が流行するなど、日本社会全体において「なるべく問題が起きないように」「文句を言われないように」といった風潮が強くなってきているように思われますが、こうした思考に基づく行動で他人をワクワクさせることは土台無理な話です。**臆病にならずに、勇気を持ってどんどん思考・行動していきましょう。**万が一、何か問題が起きた場合でも、誠意を尽くして対応すれば、世の中のほとんどのことは何とかなるはずです。

皆さんの厳しい上司や顧客だって人間です。どのような案件でも、臆病にならずに覚悟を持って、相手をワクワクさせるような提案を行なえば、必ずやＯＫを得られることでしょう。

参考文献

（差別化戦略に関わる経営戦略やマーケティングへの理解を深める、はじめの一歩として）

- 石井淳蔵（2010）『マーケティングを学ぶ』筑摩書房
- 伊丹敬之・加護野忠男（2003）『ゼミナール経営学入門（第3版）』日本経済新聞社
- 大﨑孝徳（2014）『「高く売る」戦略』同文舘出版
- 小倉昌男（1999）『小倉昌男 経営学』日経BP社
- 加護野忠男（1999）『競争優位のシステム』PHP研究所
- 久保田進彦・澁谷覚・須永努（2013）『はじめてのマーケティング』有斐閣
- クレイトン・クリステンセン（2001）『イノベーションのジレンマ：技術革新が巨大企業を滅ぼすとき（増補改訂版）』翔泳社
- ダン・アリエリー（2010）『予想どおりに不合理（増補版）』早川書房
- 沼上幹（2008）『わかりやすいマーケティング戦略（新版）』有斐閣
- 沼上幹（2009）『経営戦略の思考法』日本経済新聞出版社
- ピーター・F・ドラッカー（2001）『マネジメント（エッセンシャル版）：基本と原則』ダイヤモンド社
- フィリップ・コトラー（2003）『コトラーのマーケティング・コンセプト』東洋経済新報社

大崎孝徳（おおさき　たかのり）

名城大学経営学部教授。1968 年大阪市生まれ。民間企業勤務後、長崎総合科学大学助教授、ワシントン大学マイケルGフォスター・ビジネススクール客員研究員を経て、現職。九州大学大学院経済学府博士後期課程修了、博士（経済学）。著書として『プレミアムの法則』『「高く売る」戦略』（以上、同文舘出版）、『ＩＴマーケティング戦略』『日本の携帯電話端末と国際市場』（以上、創成社）、論文として“Global Marketing Strategy in the Digital Age : An Analysis of Japanese Mobile Phone,” *The Marketing Review*, Vol.8 No.4, 329-341. などがある。

すごい差別《さべつ》化《か》戦略《せんりゃく》　競合《きょうごう》他社《たしゃ》を圧倒《あっとう》する「違《ちが》い」のつくり方《かた》

2016年２月１日　初 版 発 行
2016年６月10日　第２刷発行

著　者　大崎孝徳

発行者　吉田啓二

発行所　株式会社日本実業出版社　東京都文京区本郷３－２－12 〒113-0033
大阪市北区西天満６－８－１ 〒530-0047

編集部　☎03-3814-5651
営業部　☎03-3814-5161　振　替　00170－1－25349
http://www.njg.co.jp/

印 刷／理 想 社　　製 本／若林製本

ISBN 978-4-534-05348-0　Printed in JAPAN